体育授業が劇的に変わる

EXPERT'S GUIDANCE
達人が伝授！
「指導言」全文解説・全教材動画付き

「声かけ」の成功法則

桑原和彦
KAZUHIKO KUWABARA

🌸 学芸みらい社

目次

まえがき　8

第1章
驚きの活用法！
教材・教具が活きる新たな指導　12

1 ビブスを活かした体つくり運動（TOSSスロートレーニング）　14

1 授業の説明　2 1人で行う　3 2人組で行う

(授業への講師コメント　～(1) 伊藤寛晃氏／(2) 根本正雄氏)

★ショート動画〔ビブス〕
- (A) ビブスを使ってのストレッチ
- (B) ビブスを多様に回す
- (C) ビブスを使った「投げる運動」「体つくり運動」
- (D) ビブスを多様なところでキャッチする
- (E) ビブスを使って走る運動
- (F) ビブスを使って投げる運動
- (G) ペアでビブスキャッチ～ビジョントレーニング＆正中線を越える
- (H) ペアでビブスを使った体つくり運動～走って捕る（前庭覚・固有覚）
- (I) ビブスを使っての表現運動～動きの同調性

2 新聞紙で楽しみながら感覚を統合していく体ほぐし運動　26

1 1人の遊び～誰でもできる簡単な動き　2 走る～粗大運動・全身運動
3 走る～個人の学習からペア学習　4 投げ上げ～同性ペアから異性ペア
5 移動しながらの投げ上げ～難しい運動は、十分に上達してから
6 新聞キャッチ～微細運動　7 新聞紙アタック～全身運動
8 新聞ハードル～全身運動　9 電車ごっこ～微細運動・調整力
10 新聞シャワー＆掃除機集め～片付けまで運動

教材研究×基礎知識：感覚統合とは

(授業への講師コメント　～小嶋悠紀氏)

3 テニピンで広がる個を活かすネット型ボール運動　38

1 1人打ちの基本練習　2 2人1組での基本練習　3 ゲームをする

教材研究×基礎知識：テニピンとは

授業を子役で体験した教師のコメント　～鈴木恭子氏

4 肋木の魅力と価値を引き出す多様な運動　48

1 授業の導入は誰でもできることから　2 安全対策は授業の導入で指導する
3 安全対策は幾重にも行う　4 運動の説明はイメージしやすい言葉で
5 偶然性をもたせると盛り上がる　6 選択させることで熱中させる
7 ちょっと難しい運動が子供の意欲を引き出す　8 子供の動きや能力を引っ張り出す
9 別の運動につなげる　10 回数を数えるゲームを取り入れ、伸びを実感する

授業を子役で体験した教師のコメント　～鈴木恭子氏

5 平均台で生まれるバランス感覚の多様な運動　56

1 線（ライン）の上を歩いたり走ったりする　2 平均台の上をいろいろな歩き方で歩く
3 傾斜をつけた平均台の上を歩く　4 輪にした平均台を歩く

授業への講師コメント　～福田恵美子氏

6 登り綱で体感するスリリングな運動　62

1 登って10秒支える　2 鬼ごっこ　3 キャッチボール　4 マットに着地する
5 マットをより後ろに変える　6 マットを越えた場所に戻る　7 横に渡る

授業への講師コメント　～谷 和樹氏

7 園庭での築山を活用した環境活用型の運動遊び　68

1 あいさつ　2 築山の周りを走る　3 遊具をくぐる　4 築山に移動
5 動物歩き～犬　6 動物歩き～馬に変身　7 動物歩き～うさぎ跳び
8 動物歩き～ミノムシに変身　9 動物歩き～合体ミノムシ
10 築山でオセロゲーム・体じゃんけん　11 寝転がる　12 大きな築山へ

授業への講師コメント　～(1) 小嶋悠紀氏／(2) 根本正雄氏

8 外遊具での創造的な園庭運動遊び　80

1 平均台を歩く（渡る）　2 平均台を歩く（向きを変える）
3 「おっとっと体験」～自らバランスを崩す　4 腕支持をした両足跳び

5 ボールを取りに行く　6 ボール投げ・ボール蹴り　7 ボール投げ入れゲーム
8 築山を使った運動

(授業への講師コメント　～小嶋悠紀氏)

第2章
挑戦力を引き出す！
教師の導き方で進化する子供の力　88

1 瞬間の判断力を養う長縄連続跳び　90

1 跳ぶ前の説明　2 1分程度の試し跳び　3 趣意説明
4 縄に入るタイミング（2回空回し）　5 跳ぶ入口に3人が並ぶ
6 跳んだ後、前の人につながる
7 縄に入るタイミング（1回空回し）と跳んだ後の縄の抜け方
8 縄に入るタイミング（空回し無し）　9 縄に入れない子への補助の仕方
10 縄への入り方の個別評定　11 縄を回すスピードを上げる　12 1分間の記録計測

(授業への講師コメント　～(1) 伴 一孝氏／(2) 木村重夫氏)

★実践動画〔長縄連続跳び〕
｜ 桑原学級の長縄連続跳び［1年生／2年生／6年生］

2 ボディ・イメージを育成するマット運動　102

1 マットの準備　2 準備運動　3 ゆりかご運動　4 前転運動　5 後転運動　6 開脚前転

(授業への講師コメント　～谷 和樹氏)

【コラム】「空を飛んでいるようだった！」初めて逆上がりができた　113

3 腕支持力を強化する跳び箱運動遊び　114

1 準備運動　2 跳び箱遊び

(授業への講師コメント　～向山洋一氏)

4 持久力を鍛える走の運動　122

1 持久走の説明　2 試しの運動（10秒間）　3 試しの1分間折り返しペース走
4 ペアで相談する　5 まとめ

教材研究×基礎知識：先行実践に学ぶ〜山本貞美氏の原実践からの変遷

授業を子役で体験した教師のコメント　〜佐藤貴子氏

5 飛距離が伸びる投の運動　　132

1 握り方　2 かまえ　3 真下に投げる　4 ひねり　5 例示　6 練習　7 横を向いてから
8 遠くへ投げる　9 家でできる練習

授業への講師コメント　〜根本正雄氏

6 表現力を伸ばす阿波踊り　　140

1 足の指導　2 腰を落として練習する　3 手をつける　4 手と足を合わせて行う
5 面を作る　6 向山洋一氏の映像　7 個別評定　8 向山学級の子どもの映像
9 ICTの活用　10 曲に合わせて踊る　11 向山式阿波踊り指導の解説

教材研究×基礎知識：阿波踊り指導の原実践〜向山洋一氏

授業を子役で体験した教師のコメント　〜溝端達也氏

7 リズム感を育むニャティティソーラン　　150

1 ワクワクする語りで引き込む　2 実技はT2を活用　3 授業のかまえをつくる
4 踊りのパーツをイメージで伝える　5 動きをダイナミックにする
6 さらに乗せる工夫　7 新しいパーツはストーリーで伝える
8 息を整えるパーツ＆通し練習　9 声をかけながら通しての踊り

教材研究×基礎知識：ニャティティソーランとは

授業への講師コメント　〜谷 和樹氏

授業を子役で体験した教師のコメント　〜柳町 直氏

第3章
競い合う楽しさ！
子供を熱中させるルールづくり　162

1 バトンパスが上達するリレーの工夫　　164

1 バトンに触る・バトンを渡す　2 距離を離す　3 もらう人は右手、渡す人は左手
4 走りながら練習するためのしくみ　5 ネズミとネコ　6 タッチ追いかけ走〜肩タッチ

7 タッチ追いかけ走～手の平タッチ　8 マーク追いかけ走
9 バトンの前の指導（お手玉を渡す）　10 バトンでの練習
11 全員でバトンパスの練習をするシステム

教材研究×基礎知識：向山型トップスピードリレー練習法の原実践～浜井俊洋氏

授業を子役で体験した教師のコメント　～(1) 村田正樹氏／(2) 加藤三紘氏

2 どの子もシュートができるようになるバスケットボールの指導　178

1 効率的な準備　2 ドリブルの「手」をつくる　3 「顔」を上げるための指示
4 コピードリブルで動きをつける　5 多様なパスの練習　6 全身を使うパス
7 自然にチェストパス　8 片手パス　9 個別指導を全体へ　10 シュート練習
11 チューリップゴールでペアのシュート練習　12 片づけ

授業を子役で体験した教師のコメント　～(1) 井戸砂織氏／(2) 郡司崇人氏

3 ボール操作力を高めるバスケットボールの訓練法　186

1 準備運動①　2 準備運動②　3 シュート練習　4 試合（心電図の説明）
5 試合（心電図を実際に書く）　6 桑原学級の「心電図」の紹介

教材研究×基礎知識：「向山型心電図」原実践の概要

授業を子役で体験した教師のコメント　～岡 城治氏

4 能力差を超えるタグラグビーのチーム・ビルディング　196

1 「取る」：タグの取り方　2 「取る」：しっぽ取り鬼ごっこ・2人組
3 「取る」：しっぽ取り鬼ごっこ・チーム戦　4 「かわす」：ジャンケン追い抜き
5 「取る」「かわす」：1対1タグ取り　6 「投げる」
7 「取る」「かわす」「投げる」：後ろパスゲーム　8 まとめ

授業を子役で体験した教師のコメント　～根津盛吾氏

【コラム】初めての先生にもやさしい！ 6時間でできる「タグラグビー」指導テキスト　206

★指導動画〔タグラグビー〕

(A) 1人でのタグ取り［指導者：桑原和彦］
(B) 手つなぎタグ取り［指導者：桑原和彦］
(C) じゃんけんタグ取り［指導者：桑原和彦］
(D) 円陣パス［指導者：桑原和彦］
(E) ボール集め（ラン）［指導者：根津盛吾］

(F) 1対1の宝運び［指導者：桑原和彦］
(G) タグ取り鬼（チーム）［指導者：桑原和彦］
(H) 3人組でのパス（フラット）［指導者：桑原和彦］
(I) 3人組でのパス（クロス）［指導者：桑原和彦］
(J) 2対1でトライの練習（パス無し）［指導者：桑原和彦］
(K) 2対1のトライ練習（パスあり）［指導者：桑原和彦］
(L) 通り抜け鬼ごっこ［指導者：根津盛吾］
(M) 簡易ゲーム（パスなし）［指導者：郡司崇人］
(N) 正規に近いゲーム①［指導者：郡司崇人］
(O) 正規に近いゲーム②［指導者：郡司崇人］

5 個別最適化と協働的学びを実現するなわとび運動　212

1 前語り（前跳びを30秒で何回跳べれば二重跳びは跳べるか）　2 30秒前跳びを撮影する
3 データを蓄積する　4 二重跳びを撮影する　5 ポイントを調べ、共有する
6 桑原学級の二重跳びの結果　7 ICTで変わる体育指導　8 なわとび運動の効果

（授業を子役で体験した教師のコメント　～(1) 太田政男氏／(2) 加藤雅成氏）

6 運動量を確保するベースボール型運動　224

1 真下に投げる　2 ボールの持ち方　3 ゼロポジション　4 ガオーのポーズ
5 ボルトのポーズ　6 手でボールを打つ　7 ワンバウンドさせて打つ
8 ベースボール5の説明（1）　9 実際のゲーム　10 ベースボール5の説明（2）

教材研究×基礎知識：ベースボール5とは

（授業を子役で体験した教師のコメント　～小松和重氏）

動画で「指導言」のコツを身につける──全動画46本／QRコード一覧　234

あとがき　238
動画収録セミナー・講座一覧　240

まえがき

1 教師に必要な３つの教育技術

　体育の授業では、できる・できないがはっきりと目に見える。ゆえに、いかにできるようにさせるかの技能取得を重要視した指導が軸となる。そのような中、現在の教育現場は「探究的な学習、自由進度学習、個別最適な学びと協働的な学び」といった用語をめぐって、試行錯誤を繰り返している。筆者も、自己調整をして自主的に学びを深めていく学習が生涯学習の観点から必要であることを理解している。

　その上で、これらの学習に取り組む根底には、指導のベースとなる「高い一斉授業力」の習得が必要不可欠であると考えている。なぜなら一斉授業によってこそ運動の楽しさを体験させ、前よりもできるようにさせることができること、そしてそれが子供たちの喜びや自信となって多方面に良い効果をもたらすことを実感しているからである。

　TOSS代表の谷和樹氏は、「高い一斉授業力」を実現するポイントとして「技法的な教育技術」「原則的な教育技術」「技能的な教育技術」の３つを挙げている。この３つのポイントを規範として、体育における教育技術を考えてみる。

①原則的な教育技術「短い指示」：教師自身は指示内容を理解しているから、この程度の説明で伝わるだろうと錯覚する。しかし長い説明は聴覚情報に頼るため子供が理解するのは大変であり、一文を短くする必要がある。
②原則的な教育技術「個別評定」：何ができていて、何ができていないかを気づかせることで、ねらいとした動きの習得に近づくことができる。そのためには１人１人の評定を行うことが重要である。腕が伸びているか、視線はどこを見ているかなど、評定ポイントを絞りきっぱりと告げる。こうした指摘を受けることで、児童は１人で練習を重ねたり、友達と一緒に練習したりすることができる。
③技法的な教育技術「ICTの活用」：教師の指示内容を的確に伝えるために、電子黒板やホワイトボード、スケッチブックなどに図示する。教師が言葉だけで長々と説明するよりも、図示と組み合わせることで端的に伝えることができる。また、子供たちも１人１台端末を使用することにより、写真や動画、デジタル学習カードといった音声と視覚を合わせた情報を活用した学習が可能になる。
④技法的な教育技術「体育の見方・考え方」：運動の楽しさや喜びを、できるようになるこ

と=「すること」だけで獲得するのではないことを指導する。「見ること」「支えること」「知ること」など、友達との関わり、チーム対抗での場面、よりよい動きの仕方を知って紹介する、等々を意図した指導も必要である。つまり、単元計画をより意識して作成する必要がある。
⑤技能的な教育技術「学級経営に直結する体育の授業」：体育の授業で満足しないと次の時間や学級経営に影響する。負けを受け入れる、できない子を励ます、力いっぱい体を動かす、ルールを守って試合をする、集団行動を理解するといった体育の授業で子供たちが培う力は、体育の授業だけではなく学校生活にも必要な力である。体育の授業で満足して教室に帰れば、次の時間の教科も安定して授業を受けることができる。しかし逆であると荒れてしまう子も出てくる。1人1人への配慮が必要である。

　本書に収録したのは、このような教育技術をベースに、「単元の設計能力」「教材研究の深さと広さ・授業場面での瞬発力」を組み合わせて行った21本の体育授業の記録である。

2　本書の構成と活用法

　本書は、筆者の「声かけ（指導言）」を軸として（紙面左側）、解説（紙面右側）、そしてQRコードから視聴可能な動画で構成されている。

　筆者が20代の教師であった頃、学習指導要領や様々な書籍を読んでみても、体育授業で実際に話す言葉（声かけ）が載っているものを目にすることがなかった。そんな中で出会ったのが向山洋一氏の書籍である。指示・発問がケイ囲みで示されていた。教師が話す言葉そのままで書かれているから、教室で追試をするイメージができた。

　初めて読んだときに「なんて読みやすい教育書なのだろう!?」と衝撃を受けたことを今でも覚えている。その後、筆者自身の実践と探究を続ける過程で、向山氏の書籍に記述されている子供たちを見取る技術や介入する技術を分析したり、文章には書かれていない前後の授業を想像したり、といった読み方に変化・深化していった。こうした読み方をすることで、授業力を高めることに役立ったという実感がある。

　読者の方々には、本書も同様に読んでいただけたらと考えている。
　例を挙げる。

・本書で紹介した「声かけ」を真似て追試する。
・1本の授業を4時間扱いといった単元に組み替えて、授業パーツごと追試する。
・前後の時間の授業を想像して、自分で単元を組み立ててみる。
・授業における自分の「声かけ」と筆者の「声かけ」を比較してみる。
・子供の実態に合った指導計画に修正して授業化する。
・該当学年以外の学年での実施のために修正して授業化する。

　本書に収録した授業は様々な配慮のもと、一部を除いて「教師を子役にした模擬授業・講座」を取り上げている。そのため教師向けの声かけも含まれていることをご了承いただきたい。
　全教材の動画(本編の動画と補助的な動画:全46本)はいずれも5分以内のダイジェスト映像に編集してある。本書を読むだけでは伝わりにくい場づくりや教材教具、実際の動きといったイメージが伝わればと考える。
　さらに、セミナー等で講師の先生方が筆者の模擬授業についてコメントされた内容や、子役として参加し、模擬授業を体験された先生方のコメントも紹介している。
　なお、本文中に出てくる『向山型』『TOSS向山型体育』という用語について簡潔に触れておきたい。『向山型』とは、できない子ができるようになり、できる子も熱中し、知的な「集中」が生まれてくる授業の型である。また『TOSS向山型体育』とは、「できない子ができるようになる」「システムがある」「変化のある繰り返し」という3つの内容を主とし、その中でも「流れるように進むシステム」を特徴とする体育である。

＊

　たくさんの先輩教師の優れた体育実践に学んできた。その実践があったからこそ、このような授業群を作り、実践することができた。おそらく先輩教師たちも同じであったことだろうと想像する。私の体育授業実践も、志を共にする心ある教師たち、次の世代の教師たちが引きついでいってくれることであろう。
　本書は、向山洋一氏の「どの子も大切にされなければならない。一人の例外もなく」という主張を具現化することで生み出された子供の事実を何よりも大切にし、授業力を向上させたいと願う方々に対する連帯の意をこめた一教師の授業実践記録である。

桑原和彦

第1章

驚きの活用法！教材・教具が新

❶ ビブスを活かした体つくり運動（TOSSスロートレーニング）
❷ 新聞紙で楽しみながら感覚を統合していく体ほぐし運動
❸ テニピンで広がる個を活かすネット型ボール運動
❹ 肋木の魅力と価値を引き出す多様な運動

活きる たな指導

- 5 平均台で生まれるバランス感覚の多様な運動
- 6 登り綱で体感するスリリングな運動
- 7 園庭での築山を活用した環境活用型の運動遊び
- 8 外遊具での創造的な園庭運動遊び

1 ビブスを活かした体つくり運動（TOSS スロートレーニング）

運動系	：体つくり運動
基礎	：全身運動を通して体の使い方を知る
目標	：失敗を恐れず様々な運動にチャレンジする
コツ	：ビブスを器具として使用することで、運動が苦手な子も安心して取り組める。変化のある繰り返し

新学習指導要領への対応ポイント

① **知識及び技能**：体の様々な部位を使い、ビブスを捕る運動やビブスを操作する運動を身につけることができるようにする。

② **思考力、判断力、表現力等**：自己の体の状態や体力に応じて、運動の行い方を工夫できるようにする。

③ **学びに向かう力、人間性等**：運動に取り組み、助け合って運動したり、場や用具の安全に気を配ったりすることができるようにする。

授業の流れ

「指導言」全文 ／ 授業者による解説

1 授業の説明

今日は、普段は着て使うビブスを教具として使った体つくり運動をやります。

 ビブスを使う良さは、「誰でもできそうな気がする」「失敗しても気にならない」「上手・下手を吸収する（下手が目立たない）」「運動が得意な子も満足する」などが挙げられる。ビブスを投げ上げて落ちてくる浮遊感が、捕るのにちょうど良い。

☞ 1人1枚のビブスを用意する。
☞ チャレンジすることを前面に押し出す。

（第1章　驚きの活用法！ 教材・教具が活きる新たな指導）

2　1人で行う

　上に（ビブスを）投げます。捕ります。はい、どうぞ。右で上げて左で捕ります。はい、どうぞ。いいですね。

　では、ジャンプして捕ってみましょう。ジャンプして、高いところで。はい、そうです。そうです、上手ですね。（子役の1人を指名して）これ、何のボール運動と同じですか。

（子役「分かんない」）

　バスケットボールのリバウンドです。バスケットを意識して、どうぞ。ボールを奪うように。自分の最高到達点を見つけるわけですね。どこまでジャンプすれば捕れるか。はい、上手ですね。

　ちょっと難しくしますよ。投げたら、（しゃがんで）床を触ってから捕ります。いいですか。どうぞ。投げ上げて床に触ってからです。ジャンプしてもいいですよ。目線を切ることが大事です。下を向くのですよ。1回。上を見っぱなしじゃだめです。下を見てから行う。難しいですよ、結構。オー、上手。はい。目線を切るだけで不安定になってきます。

> ビブスを活用した運動では、バスケットボールやサッカー、タグラグビー、ベースボールなどのボール運動に役立つ動きの基本を学ぶことができる。

> ビブスを活用した運動は、感覚運動の側面からも効果がある。視覚1つだけを遮っても難しくなる。

☞ 触覚（ビブスの手触り）。
☞ 固有覚（どのくらい握ると保持できるかといった筋力）。
☞ 前提覚（バランス感覚。どのくらい腕を伸ばせば捕れるかなど）。

> 膝を曲げて全身を使っている子を見つけて、全体の前で称賛する。すると、良い動きが他の子供にも伝播していく。

> TOSSスロートレーニング。

☞ K-12（3歳～15歳）のどの年齢でも実践できる投力アップにつながる運動プログラムである。扱いが容易である「布（ビブス）」を器具として使用する。運動の苦手な子供も楽しみながら取り組むことができる。

投げたら拍手をします。たくさん拍手をして、何回叩けるか。どうぞ。
（投げている間に拍手をする。）
何回？
（子役「13回です」）
13回、やってみましょう。どうぞ。
（子役はビブスを高く上げて、しゃがんで細かく拍手をしている。）

> 次から次に畳みかけていくイメージで展開する。すると授業にリズムとテンポがうまれ、子供たちは熱中していく。

☞ 全員ができるまで待たない（8割主義）。
☞ 子供たちの間を歩いてほめる。
☞ チャレンジする大切さを伝える。
☞ 変化のある繰り返しでパーツを構成する。

さすが、工夫していますね、すごい。見ましたね。工夫をしています。自分の回数が1回でも多くなるように。今のを見て、どうぞ。
（ほとんどの子役が高く上げて、しゃがんでキャッチしている。）

そうですね。はい、上手。伸びた人。いいですね、そうです。お手本にしてやってみましょう。膝を曲げて柔らかく使うといいわけです。

投げて1回転して捕ってみましょう。かっこよく、くるっと。オー、すごい。反対回りもいいですね。右をやったら左です。そうですね、上手です。

投げた後、蹴ってみましょう。サッカーの練習。

どうぞ。蹴ります。つま先に引っかかればよいですね。そうそう、投げる場所も遠くにしてみて、動いて蹴るとかもいいですね。はい、いいですね、太ももにのせるのもやってみましょう。リフティングの練習にもなります。上手ですね。

難しくしますよ、トラップです。

1 ビブスを活かした体つくり運動（TOSSスロートレーニング）

（ビブスを胸に載せる。）

　胸で捕ります。トラップです。（子役を見て）オー、できますね。そうです。できる人は右上や左上に投げ上げ、体を動かして移動させるのですよ。顔面キャッチをしている人もいますけどね。いいですよ。上手です。

　次は、頭でのヘディングです。ヘディング。そうそうそう、頭で捕ります。できるだけ、おでこあたりで。そうです、そうそう。できる人はジャンプして、ヘディングして。すごい。上手、素晴らしい。

　次、見えないところでやっていきますよ。今度は後ろのふくらはぎ。こっちでね。後ろで。
（足を後ろに出して、ふくらはぎに引っかける。）

　引っかければいい。足の後ろです。どうぞ。

　後ろ、いいですね。右でやって左。必ず右をやったら左をします。うまいですね。

> ボディ・イメージ。
> ☞ 自分の身体の動きについて、目を閉じていてもどのくらいの関節角度かが分かる、どのようなポーズをとっているかが分かる、といったイメージのこと。このイメージが高まることが、運動が得意になることにつながる。

　背中で捕ってみましょう。投げて背中です。投げてー、背中。この辺から難しくなってきます。これは、ボディ・イメージといって、自分の身体をどこまでもっていったら捕れるかが分からないと捕れません。自分の体を上手に動かす練習が必要です。はい。いいですね。

　今度はひらひらーっと持って（広げて肩の部分を持って見せる）。こうです（ビブスを振って見せる）。

　やってみましょう。はい。そうですね。回ってみましょう。高さを変えて、気分が悪くならない程度にね。そうです。上手。

　はい、片手で持って、上で持って。回します。ぐるぐる。

> 静の運動パーツも組み合わせる。解放パーツばかりではなく、抑制するような静かなパーツを入れることで、自己調整を行う力がついていく。

> 静のパーツの後に、動のパーツの「走る運動」を行う。ビブスを落とさないような調整、他の友達とぶつからないような調整などの効果が期待できる。

17

小さく、大きく。下に持ってできますか。
(ビブスを下で回しながら跳ぶようにする。)

　足元、足。反対の手も。左手。回したり、跳んで避けたり。そうですね。

　胸に当てて落とさないように走ってみましょう(ビブスを胸に当てて見せる)。

　難しい人は腕。もっと難しい人は手首でも構いません。落とさないように、こうやって走ります。人にぶつからないようにね。いきましょう。上手です。

3　2人組で行う

　では、2人組を作ります。できたら座ってください。2人組にならない人は3人組でもいいです。2人で離れて、同時に相手にビブスを投げる(ビブスを投げる真似をして見せる)といった同時キャッチボールをします。距離は任せます。いきますよ。どうぞ、やってみましょう。
(歩いて見て回る。)

> 　2人組で投げるパーツの原実践は、辻拓也氏による中学校の体育指導である。
>
> ☞ ビブスをトレーニングパーツで実践していた。
>
> ☞ 辻氏の実践を初めて知ったとき、「めちゃくちゃ楽しい」「このような活用方法があるのか」と目から鱗であった。

　上手です。

　競争しますよ。よーいどんで10回、10回投げたら座ります。1、2、3、4、よーい。あ、近くなっている人が

1 ビブスを活かした体つくり運動（TOSSスロートレーニング）

いますよ。近づいたらだめですよ。まだですよ。よーい、どんっ。
（最初の組が座る。）

1位、さすが。はい、いいですよ。素晴らしい。<u>落としたら1回からやり直しをするとかにすると、緊張感が生まれます。</u>

立ちます。今度はお互いに後ろを向きます。
（子役に背中を見せる。）

頭の上に上げて、（ビブスを頭上に上げる真似をして）通り越して捕ります。投げたらくるっと回って、反対を向いて捕るのですよ。相手のビブスを捕ります。少し離れて、やってみましょう。
（せーの、オーなど合わせる声が聞こえる。）

上手ですね。さすが皆さん、上手です。

今度は股の下から。（股下からビブスを投げる真似をして）難しいですよ、どうぞ。投げたらくるっと回って向かい合って。投げたら前。投げたら前向かないと。そう。上手。

1回座ってください。じゃあ、○○さん、来てください。
（子役の先生を前に呼ぶ。）

ビブスを置いてもらって。今度はビブス1枚で向かい合います。
（子役と向かい合う。）

こちらの人が野手。野球の野手です。守る人です。右効きですか。左効きですか。
（左手を挙げる。）

左利きね。グローブを持つ手でしか捕れません。投げますよ。はい。
（ビブスを投げる。）

そう。右手で捕ってから左手へ。いいですか。
（もう一度ビブスを大きく右に投げる。）

はい。そして、今度は、
（大きく後方へ投げる。）

いいですね。<u>必ずグローブ側の手で捕ります。</u>いいですか。はい、どうぞ。3回投げたら座ってください。ちょっ

全身運動。
☞ 後ろ向きから投げたり、股下から投げる動きは、普通に投げるときよりも投げにくい。 ☞ 投げにくいから、体全体を使ってビブスが相手まで届くような動きをする。 ☞ 投げ方を変化させることで、体全体を使った運動につながる。

グローブというイメージ語。
☞ グローブで捕ると言われると、自然と片方の手の捕球に限定される。

と届きにくいところに投げるのですよ。

　交代。はい、座りますね。

　今やったのは大事なことで、体の真ん中の線を正中線と言います。言ってみましょう。はい。
（「正中線」と子役が言う。）

　正中線を越える動きをすると、身体能力が上がっていきます。大事なキーワードです。楽な子、さぼる子っていうのは、すぐこっちになる（左手を左に向けて）。こうじゃなくて、（右手を左に向けて）クロスをするってことが大事なのです。あえて反対側に投げると、クロスする動きになりますので、正中線を越える動き、これが大事です。

　次です。今度は2人組で、（前の2人の子役を指して）ビブスを持ちます。向かい合って。最初は自分の（ビブスを真上に上げる動作をして）真上に上げます。投げた瞬間にお互いの方に走って（走る子役の方を指して）キャッチします。やってみましょう。
（お互いがビブスを上に上げて捕り合う。）

　余裕ですね。ペアでやってみましょう。うまいです。はい、OKです。上手です。

正中線。

☞ ヒトや動物など生物の前面もしくは背面の中央をまっすぐ通る線のこと。3～4歳になると、身体の両側を同時に使う動きを習得する。

☞ 正中線を越える動きのタッチは、特に子供の注意力と集中力を高めるという点で、高い効果をもたらす。

2人組でキャッチ。

☞ これは運動量が豊富。また、2人で達成した喜びを分かち合う経験にもつながる。

☞ 自己調整力とともに、他者理解も経験できる。友達の成功に喜び、失敗には励ますという経験を経る。アドバイスをしあいながら成功した喜びは、1人のときよりも大きい。

　お手本をやってもらいましょう。「せーの」で上に投げますね。キャッチしたらまたすぐに投げ上げます。やると分かります。捕ったら投げる。捕ったら投げる。走る。捕ったら投げる、走る。それを続けます。はい、よーい、ドン。
（お互いに投げ合い走る。）

1 ビブスを活かした体つくり運動（TOSSスロートレーニング）

捕ったら投げる。走る。捕る。もう1回。投げたら走る。捕ったら投げる。イメージは分かりますね。これをするとかなり体力を使います。運動量確保につながります。

今度は全員こちら側に来ます。ペアで。（壁側に向かいながら）こちら側に来てください。先攻と後攻を決めて。先攻の人は、ビブスを友達に渡します。どうぞ。渡した人は座って。ビブスを持っている人は（反対側の壁側に走りながら）こちら側に来てください。はい、ビブス持っている人。その人が「よーい、どん」と言ったら（ビブスを上に投げる真似をしながら）上に投げます。投げ上げたら、走って捕ります。

今、（投げる位置を）変えたい人は変えてくださいね。前に出てくださいね、もっと前。お互いに「せーの」「いくよ」でやってみてください。キャッチできれば合格です。はい、どうぞ。

1枚でいいからね。ペアを交換してね。ビブスは1枚だけだよ。どんどん離れてくださいね。
（子役が思い切り走っている。）

オー、できた。

今度は、6人くらいで円を作ります。1人1個、また、ビブスを持ってください。6人くらいだから、8人くらいでも大丈夫ですよ。

立ちます。向かい合って円になっていますね。時計回りに同時に投げます。どうぞ、時計回りに投げるのですよ。

（子役を見て回りながら）はい、簡単ですね。

| 感覚を統合する動き。 |

☞ 2人組はお互いに離れる。ビブスを持っている人が、真上に投げ上げる。投げ上げた瞬間に、もう1人がビブスに向かってダッシュする。ビブスが床に落ちる前に、キャッチできるかを行う運動である。

☞ 空中に浮遊したビブスを目で追う。顔をあまり動かさずに、目で追うことにより眼球運動が鍛えられる。

☞ 落ちてくるビブスをキャッチするために、どこまで腕を伸ばせばよいか、ダッシュした体をどこまで移動すればよいかを瞬時に判断する。ボディ・イメージが鍛えられる。野球の外野手のフライ捕球に似た動きである。

☞ 俊敏な動きや巧みな動きを高められる。

| 円形でコミュニケーション力を高めるパーツでもある。これまでより、より相手意識が芽生え、団結する経験ができる。 |

☞ 人数が増えることにより、わくわく感が増してくる。

☞ ただし、大勢の前では緊張したり、失敗したらどうしようと不安になる子供がいる場合もある。その際には教師が近づき、声をかけたり個別に支援したりする配慮が必要である。

次に回れ右をします。外を向きます。時計回りですよ。隣の人に（動作で示しながら）下から両手で投げます。両手で下から投げます。生卵のつもりでね。はい、どうぞ。落としちゃだめだよ。

> 変化のある繰り返しで熱中させていく。場合によっては、子供たちに「めあて」を与え、内容を自由に考えさせても良い。その手段として、表現運動のパーツを取り入れている。

（せーのと、声をかけながら息を合わせて投げていく。）
　ストップです。これは何の動きか分かりますか。
（子役が「ラグビー」と答える。）
　そう、ラグビー。ラグビーのパスは前には投げませんから、自分の横か後ろに投げる練習になります。
　今度はまた中心を見て。前向いて。さっきのように自分の真上に投げて、時計回りで一歩進んだ先の人のビブスを捕ります。どうぞ。
　走ります。上手。（3回程度全体で終わったのを見届けて）OKです。上手です。
　座ります。いいですね。今のも全部、ビブスを使いながら動くこともするし、目でも見ている。いろんな感覚を同時に使っています。
　今度はグループで、いま習った動きを使って表現をしてもらいます。例えば（8の字に振る）振るもよし。今みたいに投げるもよしです。8呼間、1、2、3、4、5、6、7、8の8呼間を4つ作ります。1、2、3、4、5、6、7、8、で回ってもいいし、パスしてもいい。ヘディングしてもいいですよ。そして、最後の8呼間目でポーズします。
　1、2、3、4、5、6、7、8！
（腕を挙げてポーズをする。）

> 自宅でもできることを伝えると良い。
> ☞ 授業の中では表現できなかった動きや新たに考えた動きを、自宅でもできると示唆することで、やや不満足であったとしても解消できる。
> ☞ 自宅でできる運動を示すことで、生涯スポーツの基盤となる。

第1章　驚きの活用法！　教材・教具が活きる新たな指導

1 ビブスを活かした体つくり運動（TOSSスロートレーニング）

> 表現運動にもつながるパーツ。
> ☞ これまで扱ってきたビブスを使った動きを活用する。探究活動に発展させていく。
> ☞ 他のグループの動きを見合うことで、より自分たちの動きを工夫するようになる。

　ポーズで終わりです。じゃあ、創作してください。どうぞ。
（全体を歩きながら巡視する。）
　途中であっても一度やってみましょう。いきますよ。
　1、2、3、4、5、6、7、8、ね。いきます。
　1、2、3、4、5、6、7、8。
　2、2、3、4、5、6、7、8。
　3、2、3、4、5、6、7、8。
　4、2、3、4、5、6、7、ポーズ！
　いいですね。上手。それじゃもう1回やってみますよ。
　1、2、3、4、5、6、7、8。
　2、2、3、4、5、6、7、8。
　3、2、3、4、5、6、7、8。
　4、2、3、4、5、6、7、8。
　自分たちに拍手を。素晴らしい。
　はい、座ります。ここが投げていてかっこよかった。
　ここにやってもらいましょう。
（真ん中のグループを指さして）立ってください。
　お手本をやってもらいます。いきます。
（音楽が流れる。）
　さん、はい。
（グループが運動を行う。）
　すばらしい。
　たくさんやりましたね。他の真似をするとできます。
　ビブス1つで、投げる運動からボール運動の基礎、そして体つくり運動や表現までできます。

授業への講師コメント(1)
～伊藤寛晃氏

目から鱗だ。何でビブスに気がつかなかったのか。風船はそのものを嫌う生徒がいて、できなかった。しかしビブスならできる。本学園（翔和学園）の生徒相手にも桑原先生に授業をしてもらった。言葉が短く簡明でメモが取りやすく、指先で高段の芸を実感しながら見学した。子供たちにとっても、教職員にとっても、そして私にとっても、ものすごいとしか言いようのない授業であった。

授業への講師コメント(2)
～根本正雄氏

ビブスを活用しての体つくりの運動。思いもよらなかった。発展性を感じる。

Q1：ビブス以外でも代用はできますか（タオルなど）？

A：できます。

　大事なことは、自分で試してみることです。何を使うかで手に持った感触、投げ上げて落ちてくる落下速度などが違います。

Q2：場所は、体育館がよいですか？　運動場がよいですか？

A：体育館がよいです。

　自然の風の影響がないからです。ただし、コロナ禍では運動場や教室で実践したこともあります。

Q3：まとまった時間に行うほうがよいですか？　年間を通して行った方がよいですか？

A：どちらの場合もあります。

1 ビブスを活かした体つくり運動（TOSSスロートレーニング）

　自校の年間指導計画に沿ってください。このような体つくり運動は、繰り返し経験させることが大切です。扱う回数が多い方がよいと思います。全国の先生方からは、学期の始め（体育の授業開き）に実践しているという報告があります。

> Q4：対象学年を教えてください。

A：幼稚園・保育園から中学生まで可能です。

　どの年代でも、発達段階に応じて楽しみ方やできる動きが違ってきます。そこが楽しいところです。

> Q5：1つひとつのパーツを紹介ください。

A：ショート動画集をご覧ください。

（A）ビブスを使っての
　　 ストレッチ

（B）ビブスを多様に
　　 回す

（C）ビブスを使った「投げる運動」
　　「体つくり運動」

（D）ビブスを多様なところ
　　 でキャッチする

（E）ビブスを使って走る
　　 運動

（F）ビブスを使って投げる
　　 運動

（G）ペアでビブスキャッチ〜ビジョン
　　 トレーニング＆正中線を越える〜

（H）ペアでビブスを使った体つくり運動
　　 〜走って捕る（前庭覚・固有覚）〜

（I）ビブスを使っての表現運動
　　 〜動きの同調性〜

2 新聞紙で楽しみながら感覚を統合していく体ほぐし運動

運動系	体つくりの運動遊び
基礎	体をいっぱい動かすことの楽しさを十分に味わう
目標	「粗大運動から微細運動」を意識した運動
コツ	感覚統合を意識した内容の組み立て

新学習指導要領への対応ポイント

① **知識及び技能**：多様な動きをつくる運動遊びの行い方を知るとともに、体のバランスをとる動き、体を移動させる動き、用具を操作する動き、力試しの動きをして遊ぶことができるようにする。

② **思考力、判断力、表現力等**：多様な動きをつくる遊び方を工夫するとともに、考えたことを友達に伝えることができるようにする。

③ **学びに向かう力、人間性等**：多様な動きをつくる運動遊びに進んで取り組み、きまりを守って誰とでも仲よく運動をしたり、場の安全に気をつけたりすることができるようにする。

授業の流れ

「指導言」全文　　　　　　　　授業者による解説

1　1人の遊び〜誰でもできる簡単な動き

新聞紙のまねをして、ひらひらします。
(子役、新聞の状態のまねをする。)
　身体が硬い新聞紙がいるよ。
　柔らかく動きましょう。
(ひらひら。)(くるくる。)(丸める。)
(投げ上げる。)(広げる。)
(破る。)(丸めて転がす。)

> すぐに授業に入り、テンポよく次々と運動を畳みかけ、子供を巻き込む。

> 感覚統合の視点から主に「触覚」が鍛えられる。

☞ まねる運動から始める。
☞ 教師は笑顔で楽しそうに進める。
☞ 運動は10種類くらい用意しておく。

2 走る〜粗大運動・全身運動

1人1枚、新聞紙を取ります。
マントのように持って、走ります。
低いマント。
高いマント。
お腹に当てて、落ちないように走ります。
マラソンのゴールみたいだね。
新聞紙を当てる場所を変えます。
太もも、胸、顔の近く。どこでも良いです。

> 全身を使って思い切り走り回る。

☞ 導入によって教師の指示が通るようになっているので、広いスペースでの動きも可能となる。

☞ 動きはまず、肩の位置で持つだけに限定する。

☞ お腹、太もも、胸と場所を変え、走るスピードを上げていく。

☞ 自由に場所を選択させることで、より積極的な取り組みが増す。

> 場所を変えることで、必然的に調整力が働くようになる。

> 感覚統合の視点から、主に「前庭覚」が鍛えられる。

3 走る〜個人の学習からペア学習

2人組になります。
2人で2枚重ね、横に並んで走ります。
なるべく、手は使わないようにします。
声が上がるのがいいね。
上手です。
びっくりしました。

> 1人での運動をたっぷりと行ってから、ペアの学習を行うと効果的になる。

☞ 個人のときは力一杯運動をするが、ペアにすることで、他者意識・調整する力が必要となる。

☞ ペアの子の動きを間近に感じることで、体の動かし方を感覚的に知ることができる。

> 感覚統合の視点から、主に「前庭覚」が鍛えられる。

4 投げ上げ～同性ペアから異性ペア

男女ペアになります。

今回は男の子から声をかけましょう。

男の子は、新聞紙を丸めます。

(1つのペア。)

お手本です。

(新聞を2人で持って、その中央に丸めた新聞紙を載せる。)

(新聞を動かして、玉の新聞紙を)投げ上げます。

やってみて。

破けてしまったら、新聞紙を交換します。

高く放り上げます。

どこが上手かな。

(工夫をしているペアに近づいて)なるほど。

どこがすごいか分かるかな。

(新聞をタイミング良く引き合って)打ち上げています。

<u>ギリギリのところをねらって、調整力を発揮しています。</u>

どうかな、できるかな。

違う技を開発してもよいです。

(各ペア、様々な方法で。)

> 異性ペアにすると、さらに力加減を調整するようになる。

☞ 新聞紙は破れやすいので、いかに力を入れたり抜いたりするかが大事になる。しかし、破れてもよいという安心感の下、運動することができる。

☞ ダイナミックな動きから、繊細な動きに変化していく。

☞ 投げ上げは、成果が一目で分かるので、子供は熱中しやすい。

> 感覚統合の視点から、主に「固有覚」が鍛えられる。

> 教師は、ペアを順に見てほめて回りながら、上手に行っている子を探しだす。

☞ ポイントを聞いて、子供に工夫点を言語化させる。

☞ 教師がポイントを簡単に説明する。

☞ 飽きてくるタイミングを見計らい、新しい技の示唆をする。

5 移動しながらの投げ上げ～難しい運動は、十分に上達してから

　今度は、(広げた新聞紙で、丸めた方の新聞紙を)打ち上げながら、ステージの方へ動きます。

　もし、破れたら交換します。

　上手なペアは、新聞を斜めにして、速く走れます。(あるペアを例示。)

　ステージからペアで走ります。目標はここ(体育館中央・半分付近)です。

　真ん中を目指しましょう。

　一斉にはスタートできないから、横を見ながら落とさないようにやってみましょう。

　はい、どうぞ。

> 息が合ってきた頃を見計らってスピードを上げる。

☞ 1人の運動で走った際のイメージがあるので、ペアの運動がスムーズになる。

☞ 破けたら新聞を交換することを何度も伝える。破ける頻度が上がる前から、何度も伝えておくことが大切である。

☞ 目標をやや低めに設定しておくと、多くのペアで達成感が高まる。

☞ どのくらいの強さで新聞を握ったらよいかを遊びながら学ぶ。

> 感覚統合の視点から、主に「固有覚」が鍛えられる。

6 新聞キャッチ～微細運動

　集まります。

　今度は、新聞紙を半分にします。

　ひらっと投げるので、両手で取りましょう。

　けっこう1年生には、難しいよ。

　すごいなあ。

　うまいなあ。

　期待通りだ。

　おお、うまい。

　今度は片手でキャッチ。

　今やっているのは、微細運動です。

> 授業の中で、たくさんほめるところとそうでないところの軽重をつけることも大事。

☞ ほめたい子供に十分近づいてほめると、しっかりと伝わる。

☞ 声を大きくすることで、ほめられたい気持ちを高められる。

☞ ほめ続けることで、やる気を保つことができる。

<u>大きな運動から細かい運動へと変えていきます。</u>

次は、2本指で挑戦です。

すごいね。

できた。

すごいよ、みんな。

上手、上手。

できた人。

スーパー3年生。

<u>新聞の面積を変えて、小さくしたり細くしたりします。</u>

| 感覚統合の視点から、主に「固有覚」が鍛えられる。

☞ まず、新聞をつかんで保持するための筋力が必要となる。

☞ 次に、どのくらいの力であれば新聞を破くことなくつかむことができるかという調整が必要となる。

☞ 手の平全体で捕ることから2本指で捕ることへと変化させることで、より調整力が働くようになる。

☞ 右手で行ったら、左手で行うとさらによい。

7　新聞紙アタック〜全身運動

ペアと分かれて3人組になります。

新しい新聞紙を1枚取ってきます。

（例示。）

2人で向かい合って、端をピーンと持ちます。

もう1人がゴールテープを切る感じで突き抜け、破ります。

ゴールテープを切る感じです。

きれいに切れると、気持ちがよいですよ。

じょうず。

これはきれい。

どんどん新しい新聞紙に変えて。

こんな切れ方は見たことがない。

すばらしい。

座って。

| 難しい運動の後は、簡単な運動にする。しかも、ダイナミックな結果がはっきりする動きにすると、子供は集中していく。

☞ 新聞に向かって走り、破く動きは非常に盛り上がり、集中もする。

☞ 特に普段おとなしい子や運動に消極的な子には、大切な体験となる。

☞ きれいに2つに破りたいという意欲が出てくる。

☞ 上手な子、目立ちたい子にはインタビューをすることで、満足度が高まる。

2 新聞紙で楽しみながら感覚を統合していく体ほぐし運動

(1人に)どうやって切ったの？
(楽しそうに)エンジンかけたの！

> 感覚統合の視点から、新聞を破る子は主に「触覚」、新聞を両端で持つ子は「固有覚」が鍛えられる。

8 新聞ハードル〜全身運動

新聞を低く持ちます。
ジャンプして越えます。
上手な人は 少しずつ高くしていきます。
おー、すごい。
走り高跳びの選手みたいだ。
こちらはハードルの選手みたいだ。
何度かやったら交代します。
破けても続けます。
両足ジャンプか、すごいな。
仮面ライダーのキックみたい！
失敗しても楽しいね。

> 運動遊びなので、跳び越えるフォームは指定せず、様々な動きを引きだしていく。

- ☞ 跳ぶ子供の力に合わせて、高さを変えさせる。
- ☞ 跳ぶ子供の力に合わせて、フォームを変えさせる。
- ☞ がんばった子をすぐに見つけて、その場でほめる。

> 感覚統合の視点から、主に「前庭覚」が鍛えられる。

9 電車ごっこ〜微細運動・調整力

座ります。

1回でも跳べた人?

今度は、このように穴を空けてみて。

<u>微細運動です。指先です。</u>

全身運動と微細運動をどちらも行います。

これは電車です。

丸の中に1人、入ります。

進行方向を合わせて。

息が合えば、駅まで進めるでしょう。

まずはゆっくり。普通列車です。

お客さんは新聞に触りません。

慣れてきたら、カーブします。

急行列車。スピードが上がります

お客さん役を交代します。

いいですね。

新幹線になります。速いぞー。

破けたら交換。

最後の3人目がお客さんになります。

スタート。

指先をしっかりと使って。

新幹線の次は、今日は特別、リニアモーターカーです。

破けたねー。

> 全身を使った大きな動きから、指先を使う小さな運動へと変化させていく。

- ☞ 指先を使う作業や運動を意図的・効果的に入れる。
- ☞ 新聞紙を使った電車ごっこは、指先の力加減、高さや位置の調整、進む速さの変化など、様々な能力を総合的に使う。
- ☞ 速さの指示を直接出すのではなく、電車の種類を指示して変えていく。

> 感覚統合の視点から、主に「固有覚」が鍛えられる。

2 新聞紙で楽しみながら感覚を統合していく体ほぐし運動

10 新聞シャワー&掃除機集め〜片付けまで運動

新聞をビリビリに細かく破きます。

今まで使った新聞紙を集めます。

(新聞紙の破片がサークルの中に集まっていく。)

| 破いて気持ちいい、浴びて気持ちいい、最後のインタビューで大満足になる。

☞ 破く行為は握力を高める。

☞ 破く行為は普段の生活であまりしないことから、心の開放にもつながる。

| 感覚統合の視点から、主に「固有覚」が鍛えられる。

自分の足下に、新聞を移します。

○○君、サークルの真ん中に立ちます。

みんなで浴びせます。

今のお気持ちを。

「嬉しいです」

最後は掃除機です。

袋を持っている○○君に集めます。

袋に新聞紙の破片を入れましょう。

(掃除が完了する。)

終わります。

| 新聞シャワーでは、体の様々なところに触れることによって心地よさを感じる。逆に、不快と感じたり痛いと感じたりする子を発見することもある。

| 感覚統合の視点から、主に「触覚」が鍛えられる。

☞ 小さく破いた新聞紙の破片を投げ上げる。

☞ 意図的に子供を指名して発言させ、満足させる。

| 新聞紙を一気に集めることで、全身を使う。

☞ 最後の掃除まで進んで子供が動くように声かけをする。

▶教材研究×基礎知識：感覚統合とは

　発達過程においての何らかの滞りを示している子供たちは、日常生活の上でも様々な困り感を抱えている。その中には、自分の身体を思うように動かすこともできず「不器用な子」と言われたり、学校での学習、集団行動に不適応が見られたり、日常生活で当たり前に行われる食事、排泄、清潔動作、睡眠までの一連の動作が行われにくくなっていたりするなどし、親や教員から「困った子供」と見られていることが多い。

　このような子供たちに対して、米国の作業療法士である A.J.エアーズ博士が、研究と臨床から考案したのが「感覚統合理論」である。エアーズ博士は、子供たちが自ら喜んで関わっていく遊具を感覚統合療法で使えると判断し、「療法」という名のもとに子供たちの行動変容を見つめて研究した。

　感覚統合におけるエアーズ博士の提唱理論・実践においては、脳内現象（中枢神経系の感覚情報処理）に着目して子供の不可解な行動の意味が解釈され、対処法が考案されていった。感覚統合の考え方の特徴は、一次性障害に着目することにより、二次障害の軽減を目指していくことである。また、感覚統合のアプローチにおいては、単純に障害を軽減することを目指すのではなく、毎日の生活の中でより良く機能できるよう支援していくことに主眼が置かれている。エアーズ博士は、聴覚、前庭覚、固有受容覚、触覚、視覚の5つの感覚に焦点をあて、子供の発達を脳科学の観点から捉えている。

　福田恵美子氏は、感覚統合を「現在解明されている脳科学から人の行動と関連させて解釈していくこと」と定義づけている。

　体を動かすことで、体性感覚（固有感覚と触角）や前庭感覚（平衡感覚）などを感じ、体を自分の一部として操れるようになる。遊びや体育授業の中で、体を通して脳の成熟を助けて感覚統合を発達させ、体の使いこなしなどの毎日の生活をよりスムーズにさせていく。

　発達は、中枢神経系が中心になって末梢神経を介して全身と協調し、種々の機能を拡大していく。神経系がうまく機能するには、五感と言われている目（視覚）、耳（聴覚）、鼻（嗅覚）、舌（味覚）、皮膚（触覚）と、意識にのぼりにくい固有感覚、前庭感覚などからの外部情報が正しく入力されることが重要である。

福田恵美子氏

授業への講師コメント
～小嶋悠紀氏

　新聞紙を使った運動遊びは自己調整の塊である。強く握ると破ける、相手と呼吸を合わさなければ破ける。新聞紙の端を持ち、破かないようにするという微細運動を鍛えながら、調整力を働かせている組み立てである。
　良かった点は、いきなり調整力を働かせるのではなく、自由遊びをまず行ったことだ。子供らしく自由に遊ばせてから調整させ、抑制に持っていく。
　発達段階に即した運動が展開される授業である。子供らしさを解放させる遊びを、このように幼児・低学年のときにたくさんさせることがとても重要だ。

2 新聞紙で楽しみながら感覚を統合していく体ほぐし運動

> Q1：この授業における子供の身体の発達について、知っておいた方がよいことを教えてください。

A：「粗大運動から微細運動へ」、「中心から末梢へ」。

　東京都教育委員会は、HPで以下のように「専門家からのアドバイス」と題して紹介しています。
　粗大運動とは⇒姿勢の保持や、座る、立つ、歩くなどの他、ジャングルジムやブランコなどの遊具で遊んでいるときのような全身を使った大きな運動が含まれます。
　微細運動とは⇒手や指先の細かくて精密な運動のことを指し、折り紙やハサミを使うとき、書字や箸など生活のいろいろな場面に含まれる運動です。一般的には、粗大運動がうまくできるようになることによって、微細運動もうまくできるようになります。
　中心から末梢へ⇒体の中心である体幹がしっかり使えるようになると、抹消の手指がうまく使えるようになると考えます。特に微細運動を行う際には、安定した姿勢保持が必要なので、粗大運動が土台となり、手指が細かく正確に動かせるようになると考えられます。
　手指の微細運動⇒目で見ることも大切で「目と手の協調性」と言われ、手と同時に頭頸部が安定して空間で保持されることが重要です。

> Q2：新聞を使った遊びは何種類ぐらい考えましたか？　一例を教えてください。

A：115種類です。

それらの一部として、30種類を以下に紹介します。
1　電車ごっこ：穴あきの新聞を列車に見立てて、中に入って走る。
2　破り：ビリビリに破る。
3　ダッシュ：おなかに広げて走る。新聞紙を小さくしていく。
4　マント：背中に持って走る。
5　瓦割り：新聞を重ねて手刀で破る。
6　かくれんぼ：姿を隠す。
7　しんぶん島：新聞紙に乗る。1回ずつ折って狭くしていく。
8　しんぶん島じゃんけん：2人組で競う。負けたら1回折る。乗れなくなったら負け。
9　2人でダッシュ：2人でくっついて走る。新聞はおなかに1枚。
10　新聞ちぎりのばし：細くちぎり、その長さを競う。
11　紙でっぽう：パーンと音を鳴らす昔遊び。
12　ぼうし：ぼうしを作って、被って運動。
13　ボールにする：丸めて投げる。

14　ものまね：2人1組。1人が新聞の動きを作る。もう1人が模倣。
15　くぐる：ひもにかけてくぐる。
16　新聞棒キャッチ：2人1組。新聞棒を片方が落として、もう一人は落ちる前にキャッチ。
17　新聞棒くぐり：新聞棒を両手で持って、またいで、背中を通して、もとに戻る。
18　新聞棒引き：新聞棒を2人で引っ張る。足がはなれたほうが負け。
19　新聞棒ブーメラン：ブーメランの要領で投げるだけだが、新聞棒は紙1枚でどんな形にしてもいい。
20　新聞リレー（棒）：新聞棒をバトンにしてリレー。
21　新聞リレー（兜）：新聞を兜の形に折って、それをバトン代わりにする。
22　新聞リレー（1枚）：新聞を広げた状態で、それをバトン代わりにする。
23　新聞棒バランス：新聞紙を筒のように細く丸める。テープで止めて棒にする。その棒を手の平や指先に載せて、落とさないようにできるだけキープする。
24　新聞変身：新聞の（折り畳みなどの）動きに合わせて、子供も運動する。
25　握力エクササイズ：新聞紙を「片手で」くしゃくしゃに丸める。
26　足指トレーニング：新聞紙を「裸足で」くしゃくしゃに丸める。
27　新聞平均台：新聞棒の上を裸足で歩く。
28　新聞アスレチック：丸、棒、広げた新聞などの上を歩いていく。
29　新聞渡り：新聞紙2枚を置いて置いてをくり返して前に進む。
30　タイミングジャンプ：すべらせた新聞紙（2つ折り）の上にタイミングを合わせて乗る。

Q3：この授業で、使わなかった動きを紹介してください。

A：多様な新聞紙アタックです。

　今回は、ゴールテープを切るように胸周辺を新聞紙に当てていました。次時には、他の部位でアタックさせます。例えば「手の平を合わせて突き刺すように」「体を回転させながら」「キック」「跳び蹴り」「パンチ」「チョップ」「おしりで」「頭から」……。このような動きを子供の自由な動きから見つけだし、他の子供にも紹介して広げていくという授業展開が考えられます。あちらこちらで歓声が上がり、熱中している雰囲気が想像できますね。

Q4：この授業の組み立てで意識していた点は何ですか？

A：抑制と解放です。

　動きを制限したり、友達と合わせたりすることは、自由度を減らしています。ただし、この動きを引

2 新聞紙で楽しみながら感覚を統合していく体ほぐし運動

き出すためには、心を解放した自由な動きをしていることが前提となります。自由な動きで心地よさを体感しているからこそ、抑制が効きます。

このバランスが大切だと考えています。抑制が多いとトレーニング的な雰囲気になり、解放が多いと休み時間の自由遊びのようになりかねません。抑制による適度な緊張感が動きを高めていきます。

これは「感覚統合」の考えに則っています。感覚統合を知って、私の体育指導は大きく変わりました。

> Q5：保幼小の連携を意識した体つくり運動で、大切にしている点は何ですか？

> A：子供らしさを使い切る。

教師の「きちんとやらせなくてはいけない」という思いが強すぎると、形式的な動きが多くなりがちです。そうすると、「違う動きをしたい」という子供の思いは蓋をされた状態に陥ります。自己を解放し、自由な動きをさせることで、心を解放した動きとなります。

その場面を意図的に設けて大切にしています。この場面があることで、子供らしさを使います。幼稚園や保育園、小学校低学年において、このように「子供らしさ」を使い切ることが、自己理解、自己調整力を養い、次の運動への意欲につながっていくと考えます。

「幼児の思いをつなぐ指導計画の作成と保育の展開」（文部科学省）には、次のように書かれています。重要な内容です。

「生活経験の少ない幼児にとって、新しいものと出会うことは、遊びの幅が広がり、豊かになっていくために必要なことです。新しいものに出会い「思わずやってみたくなる」ことで自ら取り組み、「楽しかった」「心地よかった」という気持ちを持つことで、幼児の体を動かすことへの興味や欲求は高められていきます。」

> Q6：ロジェ・カイヨワが定義した「遊びの4要素」について、本授業との関連を教えてください。

> A：フランスの社会学者・哲学者であるカイヨワが定義した「遊びの4要素」は有名です。

4要素とは、「競争」「模倣」「偶然（運だめし）」「めまい」です。本授業では、この4つを盛り込んだ動きを入れています。特に体つくり運動では重要視しています。

カイヨワは、「人が自分を自分以外のなにかであると信じたり、自分に信じ込ませたり、あるいは他人に信じさせたりして遊ぶ」と定義し、「遊びには、その根源もある気晴らしと気ままの欲求、即興と陽気という原初的能力から、それが制度を獲得し無償の困難の愛好となるまでの、騒ぎからルールへの広がりがある」と規定しています（ロジェ・カイヨワ『遊びと人間』〔講談社学術文庫〕）。授業づくりの参考となる考えです。

3 テニピンで広がる個を活かすネット型ボール運動

運動系	ネット型ボール運動「テニスを基にした簡易化されたゲーム」
基礎	攻守一体タイプのゲームを理解する
目標	個の技術を磨き、相手とのラリーを楽しむ
コツ	つなげる打ち方と強く打つ打ち方や、浅い・深いボールに対応した打ち方をマスターする

新学習指導要領への対応ポイント

① **知識及び技能**：ネット型のゲームの行い方を理解するとともに、チームによる攻撃と守備によって、簡易化されたゲームを行うことができるようにする。

② **思考力、判断力、表現力等**：ルールを工夫したり、自己やチームの特徴に応じた作戦を選んだりするとともに、自己や仲間の考えたことを他者に伝えることができるようにする。

③ **学びに向かう力、人間性等**：ネット型のゲームに積極的に取り組み、ルールを守ったり、助け合って運動をしたり、勝敗を受け入れたり、仲間の考えや取り組みを認めたり、場や用具の安全に気を配ったりすることができるようにする。

授業の流れ

「指導言」全文　　　　　　　　　授業者による解説

1 1人打ちの基本練習

　ラケットを使います。1人1個取りましょう。緑面が手の平側で、利き手につけます。
　今日は、テニスとピンポン（卓球）が一緒になった、テニピンというネット型のボール運動をやってみます。

①**ワンバウンドで下から打つ（手の平）**
　女子、ボールを1個取ります。次は男子、どうぞ。
　両手間隔に広がります。
　ボールを床に落とします。落としたボールを下から上へポーンと打ち上げます。ワンバウンドさせてポーン、ワンバウンドさせてポーン。
　（例示。）

> ラケット。
> ☞ 100円ショップの園芸用膝当てを活用した。

運動量を確保する用具の準備。

☞ 用具の数が少ないと運動量が減る。原則1人に1つを用意する。

　はい、どうぞ。バウンドさせてポーン。上手、上手。少しずつね、高く打ち上げていきましょう。高ーく。A君ね、手だけ使っているけれど、膝を使っている友達がいる。そう、体いっぱい使うといい。上手です。

②ワンバウンドで下から打つ（手の甲）

　ストップ。ラケットには、裏面もあります。裏でポーン、ポーンです。はいどうぞ。ワンバウンドさせてポーン。ワンバウンドさせてポーン。うまい、うまい。よくボールを見てるね。体を俊敏に動かしています。ワンバウンドさせてポーンです。上手、上手。

易から難へ〜変化のある繰り返し。

☞ 初めてラケットでボールを打つ子が想定される。よって、誰でもできるやさしい動きから始める。

☞ 巧みに体を動かす力をつけるためにも、手の平と手の甲、右手と左手といった、両方の練習に取り組ませる。

☞ １つの動きに飽きるまでは取り組ませずに、もう少しやりたいというタイミングで、次のパーツに進む。

☞ 次回以降に自分で選択できるよう、たくさんのボール打ちの方法を経験させる。

☞ 声を出しながら運動することで、楽しい雰囲気を醸し出す。

③手の平と手の甲交互に下から打つ

　ストップ。上手です。では、今度は交互です。表、裏、表、裏、どうぞ。表、裏。続けることを意識して、優しく打ちます。表、裏。表、裏。そう、そう、そう。どこに体を動かせばボールに手が届くかを覚えようね。上手です。

39

④反対の手でも同じようにやってみる

　ストップ。素晴らしい。反対の手に着け替えましょう。さあ難しくなるよ。初めは表だけ。次、裏だけで。最後に表裏、どうぞ。お、いいね。ちょっと慎重になってきたね。いいね。運動は、このように両方できることが大事だからね。うまい、うまい。素晴らしい。

　OKです。逆をやってみてどうですか。
（「逆は難しいです」）

　やっぱりね。でも、やらないとできるようにならない。体育はね、専門の種目のプロになることが目的じゃないからね。楽しく運動ができる、体の使い方が分かることが大事だから、両方やることにも引き続き挑戦しましょうね。

⑤強弱のコントロール（優しく、優しく、強く）

　ボール打ちは、強弱のコントロールも大事です。最初は、このように「優しく・優しく・強く」「優しく・優しく・強く」。これでやってみましょう。どうぞ。声に出しながら打っているC君、いいね！

他の内容。
☞ ボールを打つという運動経験が少ない場合には、「ラケットでドリブル」という方法がある。強くボールを叩くという練習につながる。

言葉でイメージを強化する。
☞ 「優しく・優しく・強く」と、実際に声に出して、ボールを打ってみることで、イメージが動きと連動していく。
☞ 子供たちに工夫させても良い。例えば「優しく・強く・優しく・強く」、「強く・優しく・優しく」など。

2　2人1組での基本練習

①向かい合ってできるだけ遠くに飛ばす

　OKです。半分ずつに分かれます。向こう側の緑の線と、手前側の水色の線、それぞれに沿って並びます。

　今度は、打ち上げるというよりも、前（相手側）に打ちます。相手側に向かって思いっきり打ちます。バウンドの数が少ないように、遠くに飛ばしますよ。始めはバウンドさせてから打ちます。まず、先生が打つからね。1、2、3バウンドです。

全身を使う。
☞ 打ち上げるときには、腕だけではなく膝を使うと、高くボールを打ち上げられる。上手な子供を見つけて、動きを紹介させると良い。
☞ 前に打つときには、手打ちでは到底遠くへボールは届かない。全身運動が必要となる。

3 テニピンで広がる個を活かすネット型ボール運動

　では、打ちます。どうぞ！　来たボールは、手で捕ってから打ちます。バウンドしてから打ちますよ。

　ストップです。Dさん、うまい。ちょっと打ってみて。ストップ。ここで何か気づきませんか？　そう、体だね。今まではこう（正面を向いて）打っていた人が多かったけれども、Dさんは横を向いているね。そうです。大事なのは左肩。右利きの人はね。Dさんは左利きだから右肩が前だね。肩を相手に見せておいて振ったらラケットの手がスムーズに前に出ますよ。Dさん、やってみて。右肩が出て、次いで左手が前に来ます。このねじりが大事です。意識して、どうぞ。さっきより上手になっている！すごいね。素晴らしいね。

☞「体のねじり」を作るために、肩の向きを意識させる。このような経験が、自分自身の体への気づきにつながる。

②ワンバウンドで打ち合う

　OKです。今のように体の全身を使うことが、体育では必要です。次に、調整することも大事です。両方が必要です。

　2人組になります。向かい合います。ボールは、2人で1個ね。今度は相手に向かってキャッチボールのように、打ち合い（ラリー）をします。必ずバウンドさせて打ちます。相手もバウンドしてから打ちます。バウンドさせてポーン、打つ強さは調整していきます。両面を使っている人、偉いね。声を掛け合っていて、このペアはいいですね。

| 調整力を鍛える。

☞ 自分勝手にボールを打っていたら、ラリーを続けることは難しい。相手への意識を持つことが必要である。

☞ どの場所に打ったらよいか、どのくらいの強さで打ったらよいかといったことを考えて、打ち方を調整し始める。それを見取り、ほめていく。

③ワンバウンドで何回続くか挑戦する

　ストップです。テニピンがテニスと違うところは、ボレーはなしというところです。ノーバウンドで打ち返すことは禁止です。バウンドを待って、下から打つイメージです。高く跳ねた場合には上から打つこともOKですが、基本的には下から打ちます。バウンドは、ツーバウンドまでOKです。

　では、次は何回続くか、ラリーをします。ラリーが続くように相手を考えて打ちましょう。1、2と数えて途切れたら、1からやり直しです。はい、どうぞ。いいね、ボールをコントロールし始めたよ。みんな、いいですね。続けてね、続けてね。後ろに下がって。そうそう。下がって。うまい、うまい。おしい、おしい。オー、E君いいね。うわー、上手いなあ。あと10秒。9、8、7、6、5、4、3、2、1。ストップ。座ります。ペアで何回続いたのかを確認してください。さあ、0から5、いますか、いいんですよ、最初ですからね。6から9、優秀、優秀。10から15、いますか?！　素晴らしい、すごい。16以上！　すごい！大きな拍手を。素晴らしいですね。

④ボールを反対の手でキャッチしてから打つ

　次はね、さっきの横向き打ちをもっと意識してできるようにする練習です。

　相手が打ってきたボールを、ラケットを持っていない反対の手でキャッチします。手で普通に捕るんだよ。打とうとしないで捕ります。捕ったらそのまま床に落としてから打つ。捕るときに、打つ姿勢で捕ることがポイントです。（友達の見本。）

　打とうとして打たない、打とうとして打たない。打とうとしてストップね。このボールを捕ったタイミングが、ちょう

ラリーが続く楽しさ。

☞ 調整して打ち合うことで、ラリーが続いていく。その楽しさを味わわせたい。

☞ ボレーはなし、ツーバウンドまでOKとすることで、苦手な子も何とか打ち返そうという気持ちになる。できない子に寄り添うことも、大切な点である。

打つフォームを作る。

☞ よりしっかりとボールを打つためには、理想のフォームがある。強制をする必要は無論ないが、1つのヒントとして教えたい。

☞ 「捕ったら・打つ」。手の平にしっかりと当てて、打ち返す練習のときに使う。

3 テニピンで広がる個を活かすネット型ボール運動

ど自分が打つベストポジションなわけだね。そこを意識するために止めるよ。

　捕って打ちます。どうぞ。打とうとして打たない、そう打たない。打たなくて捕ってから落として打ちます。

| 捕らずに打つ。

☞ 「とらーーない」の「とらーー」で、手の平で捕球する構えをとる。捕球の瞬間に手を下げ、「ない」と言いながら打つ。

⑤打つ直前の姿勢(構え)を作る

　OKです。打とうとしたときに捕ったけれども、今度は捕らないで、そのまま打ちます。今度は、「捕らーーない」んだよ。はいどうぞ。「捕らーーない」んだよ。捕るつもりでも、捕らないのです。うまいね。捕らないでそのまま打ちます。ラリーを続ける。うまい、うまい。上手です。

3　ゲームをする

　ストップです。座ります。この4人、立ってください。2人ペアになります。ボール1個にしますよ。

　試合です。試合は2対2です。打った人は2回続けて打てません。必ず4人が打って、4人目のボールが入って、つまり成功してから次の5回目を打つところから得点開始です。やってみて。

　ワンバウンドで返します。そのまま返します。Fさん、返します。次、そうワンバウンドで返して、ワンバウンドで。ここまで来たら試合開始。ここから。(ボールが外れた)これはね、もしコートがあればオーバーになります。向こ

| 全員が打つことができるゲーム。

☞ ボールゲームとなると、上手な子が活躍し、苦手な子はボールに触らないというようなことも起こりえる。それを打破するための「4人が打ってから5球目から得点開始」というルールである。得点ごとに全員がボールを打つという大変優れたシステムである。

43

うの点数っていうことなるね。何回打てたとか、ラリーが何回続いたみたいなことでルーブリックを作って使用すると、習熟していきます。

> ▶教材研究×基礎知識：テニピンとは
>
> 「テニピン」とは、バドミントンコートとほぼ同様のコートの大きさで、手づくりの段ボールラケットや手の平を包み込むようなタイプのラケットを手にはめ込み、ネットを挟んでスポンジボールを直接返球し合う、テニス型ゲームです。
>
> 「テニピン」は、チーム種目中心だった小学校の「ゲームボール運動」領域の中では、貴重な「個人種目」のボールゲームです。個人がボールに触れる機会が多く、その分、得点する機会も増えます。まさに「個が輝く」ゲームだと言えます。また、「テニピン」は身体接触がなく、ネットを挟んだ向こう側にボールを直接返球するという、ネット型の「攻守一体タイプ」のゲームであるため、ルールがシンプルで、自分たちが考えた作戦を実現しやすかったり、状況を判断する力が身についたりするなど、「思考力、判断力、表現力等」の育成にも適しています。
>
>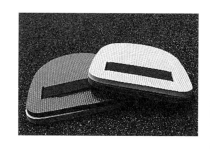
>
> ──今井茂樹『小学校体育新教材 個が輝く！「テニピン」の授業づくり』（東洋館出版社）

授業を子役で体験した教師のコメント
～鈴木恭子氏

テニスの魅力は、ボールを打つと心も届くことにあります。相手からボールが返ると、心も返ってくる。心のキャッチボールです。
その魅力を体育の時間に容易に体験できるテニピンは、大変、魅力的な教材だと桑原先生の授業を受けて実感しました。

3 テニピンで広がる個を活かすネット型ボール運動

Q1：テニピンのラケットやボールなどの道具はどうやって準備すればいいですか？

A：「日本テニス協会テニピン事務局」へ問い合わせをします。

段ボールラケット
（日本スポーツ協会HPより）

　テニピン専用の「ハンドラケット」「スポンジボール」「ポータブルネット」などの備品を紹介頂けます。

　また、100円ショップの園芸用膝当てを活用すると、ハンドラケットに代用できます。段ボールでもマイラケットを作成できます。作り方は、20cm四方に切り抜いた段ボールを2枚用意し、ゴムを通して完成です。両面に絵を描けば、オリジナルの自分専用のラケットにもなります。ネットは、ハードルや工事現場で使われているようなカラーバーとコーンを使ったり、バドミントンネットを低く張ったりするなどによって活用することができます。コートの広さは、バドミントンコートと同様（縦が約10m、横が約5m、ネットの高さは約80cm）の大きさですので、体育館のラインを活用できます。

Q2：テニピンは、何年生くらいからできるものでしょうか？

A：どの学年でも可能です。

　子供たちの経験が浅いので、誰もが同じスタートラインに立てて、個人差を吸収した学習が展開できます。今井茂樹氏は、中学年で「テニピン」、高学年で柄のついたミニラケットを活用した「テニス型ゲーム（ラケットテニピン）」のように、テニス型授業を段階的に年間指導計画に位置づけることを提案されています。

Q3：テニピン特有のルールを教えてください。

A：運動量確保のため、全員が打つことを前提としていることです。

①ダブルスで行います。
②2対2の4人、1人ひとりが順番にラリーをしてからの5球目から攻撃開始となります。3回目でラリーが途切れた場合、その3人目（3球目）からラリーを再開します。よって、1得点が入る中で、全員が1回以上ボールを打つことになります。
③ペアで交互に打ちます。同じ人が続けては打てません。

④「ツーバウンドまでOK」とします。ノーバウンド（ボレー）はなし、スリーバウンドは相手の得点となります。

⑤サーブは、1バウンドさせてから打ちます。上からではなく、下（横）から打ちます。

⑥審判は原則つけません。自分たちでセルフジャッジをしてゲームを進めます。審判をつけずに自分たちでゲームを楽しむことは、大人になってスポーツに親しむ際には、大前提になることです。

⑦設定した試合時間で終えます。点数の多い方が勝ちです。

Q4：40人学級ですが、体育館で授業はできますか？

A：できます。

　今井茂樹氏は、40人が体育館で行うことを想定した授業づくりについて紹介しています。体育館で4コートをつくり、8チームに分けます。1チームを5人とし、1ゲームを「前」「中」「後」と3回に分けて行えば、全員が1つのゲームに参加することができますし、1時間に2ゲーム行えば、多くゲームに参加することができます。チーム内でゲームに出ない子には、特典や記録などの役割を持たせ、順次ローテーションします。

Q5：ラリーが続きません。どうすればよいですか？

A：コートにとらわれずに、ラリーを続ける練習（ゲーム）をします。

　ラリーを多く続けることを目的とした練習（ゲーム）をすることで、相手意識がより高まり、取りやすいボールを打ち返そうと協力意識が芽生えます。打つことが苦手な子にアドバイスをしたり、一緒に練習をしたりして、チーム力を高める自らの運動が見られていきます。

Q6：基本的なボールの打ち方を教えてください。

A：「フォアハンド」と「バックハンド」です。

①「フォアハンド」は、手の平側で打ちます。慣れてきたら、体を横向きにし、ラケットを横に振ることを意識します。

②「バックハンド」は、手の甲側で打ちます。軽く押し出すように打ちます。

③「つなげる打ち方」は、下から優しく、手の平で山なりのボールを打ち上げるイメージで打ちます。

④「強く打つ打ち方」は、横から横に、または上から下にボールを叩くように踏み込んで、強くラケットに当てて打ちます。
⑤「浅い打ち方」は、相手側のコートの前方にボールを落とすように軽く打ち出す打ち方です。
⑥「深い打ち方」は、相手側のコートの後方にボールを落とすように、全身を使って大きく遠くへ打ち出す打ち方です。

Q7：単元として何時間くらい扱うとよいですか？

A：6～8時間程度です。

　満足のいくゲームになるまでには、経験数が必要となります。ラリーが続くまでをゴールに設定する場合もあります。ある程度の個人技能が高まった際には、相手がボールに触れられないスペースを見つけて、そこに打つといった作戦が生まれ、ゲームがレベルアップします。

Q8：この授業では扱わなかった他の運動内容を教えてください。

A：「ラケットになれる練習」と「ゲーム分析カード」です。

① 「コロコロ転がしパス」：ボールを床に置いたまま、相手にゴロで打ちます。相手は表面や裏面にボールを当てて止めます。そして、ゴロで打ち返します。慣れてきたら、ボールを打った人が「表！」と言ったら、相手は「表面」でボールを受けて表面で打ち返します。「裏！」と言ったら裏面で行います。
② 「コロコロゲーム」：ゴロで打ち合う、ボールをバウンドさせないゲームになります。あとは、Q3で示したテニピンのゲームと同じルールになります。
③ 「打点・打ち方カード」や「空間分析カード」「チームカード」：今井茂樹氏は、様々な学習カードを提案しています。ボールの可視化を図る、個人の動きやラリーの様子を分析する、といった効果が期待できます。思考力・判断力の向上にもつながります。

4 肋木の魅力と価値を引き出す多様な運動

運動系	：体ほぐしの運動
基礎	：多様な動きをつくる運動
目標	：安全に気をつけた上で、様々な動きを行う
コツ	：高さへの恐怖を減らす。安全な着地を身につける

新学習指導要領への対応ポイント

① **知識及び技能**：多様な動きをつくる運動の行い方を知るとともに、体のバランスをとる動き、体を移動させる動き、用具を操作する動き、力試しの動きをし、それらを組み合わせることができるようにする。

② **思考力、判断力、表現力等**：自己の課題を見つけ、その解決のための活動を工夫するとともに、考えたことを友達に伝えることができるようにする。

③ **学びに向かう力、人間性等**：多様な動きをつくる運動に進んで取り組み、きまりを守ったり、誰とでも仲よく運動をしたり、友達の考えを認めたり、場や用具の安全に気をつけたりすることができるようにする。

授業の流れ

「指導言」全文　　　　　　　　　授業者による解説

1 授業の導入は誰でもできることから

肋木に対して4列に並びます。

名前を言ってみましょう。「肋木（ろくぼく）」です。

登って、一番上の棒に触って降りてきます。次の人とタッチします。どうぞ。

終わったら、「終わった」と言います。

次は、高いところまで登って、みんなの方を見てポーズをして、跳び降ります。無理しないでね。どうぞ。

1回ごとに先頭の人が変わります。先頭の子は、一番後ろに並びます。

> 授業の冒頭に授業の流れをつくる。
> ☞ 運動器具の名前を正しく教える。
> ☞ 誰でもできる運動から始め、誰もが判定できる方法で終了を報告させる。
> ☞ 少しだけ変化させることで、難しさを感じにくくする。
> ☞ 毎回、違う子供が先頭になることで、平等感と緊張感を持たせる。

2 安全対策は授業の導入で指導する

　今、降り方の上手な子がいました。やってもらいます。
　どこが上手でしたか？　正解は「降りたときに、顔を上げている」ことです。
　下を向いて降りると、バランスを崩して、けがにつながることがあります。

> 徐々に難易度を上げていくため、適切なところで「安全対策」について指導する。続けて、「緊急時」を引き合いにし、運動の価値についての趣意説明をする。最初なので子供たちに伝わるのである。

☞ 上手な子に運動をさせ、考えさせることで全体を巻き込む。
☞ ポイントはシンプルで、「前を向いていること」と「膝を曲げていること」に絞っているため、運動が苦手な子にも分かりやすく伝わる。

　万が一の緊急事態、例えば少し高いところから飛び降りる場面などに遭遇したときに役に立ちます。
　では、さっきよりも少し高いところから、今のことに気をつけて飛び降りてみましょう。
　後ろの人は、降り方が良くできていたら両腕で〇を作って知らせましょう。
　膝を曲げている子は、着地が上手です。しっかりと顔を前に向けている子が増えました。
　後ろの子に〇をもらえた子、手を挙げましょう。
（多数。）

☞ 2つのポイントについて、相互チェックを入れることで、教師の「言いっ放し」を防ぐ。
☞ 評価の結果を報告させることで、上達していることを可視化させる。

> 肋木にぶら下がり、両足を時計の振り子のように左右に動かす。

☞ 振動という動きの体験もおすすめである。

3 安全対策は幾重にも行う

前の2列の人は、セイフティマットを敷きます。
自分の判断で、もっと高いところから跳び降りてみます。
セイフティマットを片付けてください。

> 運動をさらに安全に行うためには、恐怖を減らす工夫が必要である。着地の衝撃に慣れさせるために、安全に関する用具を使う。
>
> ☞ 一定の「安全」を感じたところで終わる。

4 運動の説明はイメージしやすい言葉で

自転車です。
両手で肋木を持って、足でペダルをこいでいるような動きをします。10回ずつこぎます。
先頭の人は変わりましたか？

> 運動の内容を大きく変化させる。高さの次は、棒にぶら下がる時間＝持久力・腕支持力を高める運動である。
>
> ☞ 生活に親しみがある動きを取り入れると、説明が簡単になる。
> ☞ 足を動かすためには、膝の位置を高くする必要がある。自然とお腹のあたりに力が入り、腹筋が鍛えられる。
> ☞ 10回という目標を持たせることで、集中して取り組むことができる。
> ☞ 授業の前半に入れた仕組みが続いているか、さりげなく確認する。

5 偶然性をもたせると盛り上がる

次は、足でじゃんけんをします。見本でやってもらいます。ぶら下がってください。最初はグーを足でつくってください。最初はグー、じゃんけんぽん。あいこでしょ、

4 肋木の魅力と価値を引き出す多様な運動

あいこでしょ。(負け)

勝つまでやります(笑)。

どうぞ。

負け続けるとぶら下がる時間が長くなり、ぶら下がっている時間が変化する。偶然性のあるじゃんけんを取り入れることで、トレーニングというイメージが薄まり、ゲーム性を感じることで楽しく取り組むことにつながる。

☞ 十分にイメージを持たせてから、子供にあずける。

6 選択させることで熱中させる

先頭の人、ボールを持ってきます。どんなボールでもよいです。(大きなバランスボールを持ってきた子役に対して)これはきっと後悔するよ。

(例示している子に対して)両手でぶら下がって、後ろの人が投げたボールを、両足でキャッチします。やってみましょう。

(足先でキャッチ、太ももで挟む、膝ではさむなど様々。)

ボールを置いてきます。

道具を使うことで、子供を飽きさせない。

☞ 選択させる。途中での交換を認めることになる。

☞ 例示は成功するまで行う。失敗した場合は、「難しいかもね」とフォローの声かけをする。

☞ 様々な方法と子供の工夫を認める。

7 ちょっと難しい運動が子供の意欲を引き出す

肋木上を横に動きます。カニさんです。左の列から順にどうぞ。
(間を開けずに、次々と進む。)
次の2人(2名を指名し)は肘を伸ばして、「く」の字の形になります。
他の人は、この2人に自分の体が触れないように、左から右へ乗り越えていきましょう。
(外側を越えていく。)
(別の2人を指名し)両方から同時に進み、すれ違います。右側の人は内側を、左側から進む人は外側を通りましょう。
みんなでどうぞ。

> 高さへの恐怖を減らし、ぶら下がる時間を増やし、いくつかの運動を組み合わせることにも慣れたところで、次のステップへ進む。
>
> ☞ 横に進むボルダリングのような動きになる。
> ☞ 障害物(人)を見ながら、動きを調整することができるようになる。
> ☞ 左右から同時に進むことで、運動にリズムが出て、待ち時間も減る。結果として熱中する仕掛けになっている。

8 子供の動きや能力を引っ張り出す

(1人指名し)ぶら下がり、横向きになって「大の字」になります。1、2、3、4で、片手と片足を大きく広げます。

4 肋木の魅力と価値を引き出す多様な運動

5、6、7、8で、両手で持ち、両足を肋木に近づけて身体を縮めます。どうぞ。
（上手な1名を指名して、実演させる。）
（肘と膝が伸びていてきれい。）
（拍手。）

> 手足を肋木から一定時間遠ざけることで、自然と力いっぱい運動をする状態をつくる。静の運動での筋力アップにつながる。

☞ 運動が上手な子を適宜指名して実演させ、認める機会を作る。

9　別の運動につなげる

逆立ちごっこです。両手をマットに着いて、つま先を棒にかけ、1段ずつ高いところへ登っていきます。
（逆立ちのような形になる。）

降りるときは、手が着く位置を肋木から少しずつ遠ざけます。できるところまででいいですよ。どうぞ。

> 肋木は器械運動である。逆立ちにつながる運動へスムーズに移行する。

☞ できるところまでなので、人によって高さや角度が違っている。したがって、運動が苦手な子の試技が目立ちにくくなる。

10　回数を数えるゲームを取り入れ、伸びを実感する

(1人を指名して) 先ほどやったように「くの字」になります。身体をぐっと引きつけて、手を叩き、素早くつかみ直します。
(1回叩くことに成功する。)

　最大で何回手を叩けるか、やってみましょう。
(2回、3回の子役が出て盛り上がる。)

　横を向きます。今日の最高回数を叫びます。せーの(それぞれ回数を言う)。

　立ってもらいます。1回の人、2回の人……5回の人(拍手)、6回の人(拍手)、7回の人(拍手)、7回が最高です。

　やってもらいましょう。

　肋木、楽しかった人？
(ほぼ全員が挙手。)

　終わります。

> 力強い動きと俊敏な動きを組み合わせることで、学習の成果がよく分かる運動を行う。

- ☞ 運動に対して意欲的になっているので、恐怖を感じる子は大きく減っている。
- ☞ 数を言うことで、能力が可視化できる。
- ☞ 挙手をさせたり、立たせたりすることで、同じくらいの力の子を確認することができる。できた喜びにつながる。

授業を子役で体験した教師のコメント　～鈴木恭子氏

肋木を活用した体育の授業を初めて受けました。こんなに様々な動きがあることに驚きました。そして、授業を通して自分の命を守る動きが習得されることに感動しました。

4 肋木の魅力と価値を引き出す多様な運動

> Q1：高いところを恐れて消極的になる子がいます。どう指導したらよいですか？

> A：先生が手を取ったり、体を支えてあげたりする補助をします。

「先生が支えるから大丈夫だからね」と笑顔で話します。ジャングルジムを使った運動でも、同様の補助ができます。

> Q2：肋木運動は、何学年の授業で、年間に何時間くらい行いますか？

> A：全学年対応可能です。

体育の冒頭でサーキットトレーニングのように取り入れることも可能です。

> Q3：握力や腕の筋肉が弱く、すぐに棒を離してしまう子がいます。どのような指導を積み重ねるとよいですか？

> A：落下しての怪我が怖いですので、肋木に登らず、床に立って運動をさせます。

そこから肋木の棒を握らせます。ぎゅーっと10秒間握らせたり、1、2、3……と1回ずつ握らせたりします。肘を伸ばした状態から先述の運動をさせるのもよいでしょう。

> Q4：ぶら下がりながらボールを足で取るなどの動きが難しい子には、どのようなハンデを与えますか？また、周りの子にどのように説明しますか？

> A：あまり気にせずに、そのままさせます。

1回や2回でできないことはたくさんあります。逆に、いつも成功していても、失敗することもあります。「次、がんばろう」と励ましたり、切り替えて次の運動に移ったりすることが多いです。経験すること、チャレンジすることの大切さを教えましょう。

> Q5：屋外に肋木があります。すれ違う運動をさせるとき、両面で同時に行っても問題ないですか？

> A：屋外にあるなんて羨ましい環境ですね。

両面を活かせるのは、とても有効です。屋外の肋木の場合、前の面を乗り越えて後ろの面に移動するというダイナミックな動きができます。子供たちは頂上を征服したかのように喜びます。

5 平均台で生まれるバランス感覚の多様な運動

運動系	：体つくり運動
基　礎	：体のバランスをとる動き
目　標	：自分の体の動かし方を知る
コ　ツ	：ボディ・バランス、リスキープレー

新学習指導要領への対応ポイント

① **知識及び技能**：多様な動きをつくる運動の行い方を知るとともに、体のバランスをとる動き、体を移動させる動き、用具を操作する動き、試しの動きをし、それらを組み合わせることができるようにする。

② **思考力、判断力、表現力等**：自己の課題を見つけ、その解決のための活動を工夫するとともに、考えたことを友達に伝えることができるようにする。

③ **学びに向かう力、人間性等**：多様な動きをつくる運動に進んで取り組み、きまりを守ったり、誰とでも仲よく運動をしたり、友達の考えを認めたり、場や用具の安全に気をつけたりすることができるようにする。

授業の流れ

「指導言」全文　　　　　授業者による解説

1 線（ライン）の上を歩いたり走ったりする

体育館の線の上を歩きます。どうぞ。どこでもいいですよ。今度は、走ります。タッタッタッタッタッタッタと。
次は、逆にその線を踏まないように歩きます。足を右左右左、クロスして歩きます。顔を上げてできますか？体の真ん中の線の軸を意識して、おへその位置を動かさないように。バランスのいい人は、姿勢が崩れません。

> ラインを歩くことは誰でもできる。易から難のステップである。子供たちは安心して歩きはじめる。

> 変化のある繰り返しで、飽きるほどの時間をかけずに、テンポよく切り替えていくことが大切である。

第1章　驚きの活用法！教材・教具が活きる新たな指導

2　平均台の上をいろいろな歩き方で歩く

　次は、平均台を3台、横にすきまなくぴったりとくっつけます。この上で四つん這いになって、犬になりきって歩きます。
（教師、やってみせる。）

> 頭を下にすることは、床で取り組むときと違い、怖さを感じやすい。しかし、両手と両足と4つの部位で体を支えているので、立って歩くよりも体は安定する。

　今度は、反対側から馬のように、お尻を上げて歩きます。手の平を平均台に着けて歩きます。難しいよ。これだけで怖い人には怖いです。
（子役が次々と平均台の上を歩く。）
　上手ですね！
　次は、立って歩いてみましょう。普通に歩いてみてください。できる人は、できるだけ足元を見ないで進みます。

> 「下にワニがいる！」「下にはマグマが流れている」「言ってなかったけれど、下は底なし沼です」のように、遊び心のある指示をすると、子供の動きが変容する。特に低・中学年には効果的である。

　次は半分に分かれて、平均台の両サイドから歩きます。両サイドから歩いていくので、真ん中（中央付近）ですれ違います。落ちてしまったら、下はワニのいる池なので、食べられちゃうよ!!
　今度は、平均台をずらして1本と2本にします。足を空中に浮かせながらも、平均台に着けて歩きます。

> すれ違うことで、よりボディ・バランスが求められる。自分だけ進めばよいわけではなく、他者意識が必要となる。協調するか自分勝手に渡るか、個々の行動を見取る時間にもつながる。

（やって見せる。）

　平均台に足を着けるというのは、指先で平均台の脇を触って、つま先から降ろして歩くということです。常に平均台に足がくっついている（触っている）感覚です。そうすることで、絶対に平均台から落ちません。つま先で触って、かかとを降ろします。降ろす位置は後ろ足のつま先の前です。歩くときは、小股になります。挑戦するのは、1本の平均台でも、2本の平均台でもどちらでもよいです。どうぞ。
（子役が次々と歩く。）

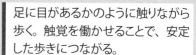
足に目があるかのように触りながら歩く。触覚を働かせることで、安定した歩きにつながる。

　歩いていると、自然に手でバランスをとるようになります。これでバランス感覚も身についていきます。もし落ちそうになったら、手をタイミングよく上げます。大体、右手を上げる子が多いです。歩くときは、前を向いてね。下を向かないようにしてチャレンジします。

　上手にできる人は、スピードを上げていきます。さらに、わざと体のバランスを崩しながら歩いてみます。ちょっと平均台の外に体重をかけて、落ちそうになったら体を元に戻すようにして歩きます。

　できた人は、今度は後ろ歩きです。後ろ向きに挑戦します。どうぞ。

アンバランスを体験することで、自分がどこまで体勢が崩れると落ちるのかをメタ認知する。リスキープレーである。あえて危険な動きをすることにより、手を広げてバランスをとるといったことを覚えていく。

後ろ歩きは高難度である。落ち方を教えてから挑戦させたい。

5 平均台で生まれるバランス感覚の多様な運動

(子役が次々と歩く。)

　後ろ歩きも同じですね。上手です。

　どんどん姿勢が良くなりますね。遠くを見て、背筋が伸びます。また、わざと重心を崩してもいいです。

　今度は、やっていない歩き方をやってみてください。スキップするとか、ギャロップするとか、自分で考えます。自由にどうぞ。

(子役は、色々な歩き方で歩いている。)

　上手です！　低学年だと、ゴリラになるとか、ゾウになるとか、動物の模倣歩きをイメージして行います。

自由歩きのパーツは大切。「自らやりたい！」という思いを大切にする。

3　傾斜をつけた平均台の上を歩く

　次は、平均台を持って、マットの上に置いてください。今度は、山登りです。平均台を斜めにして、山登りです。怖い人はやらなくていいですからね。登って、降りてきます。やりたい人は挑戦します。

(子役が次々と歩く。)

傾斜をつけることで、より高難度となる。逆に挑戦意欲を増す子が出てくる。運動の得意な子やんちゃな子は、目を輝かせてチャレンジする。そのような場を設けることが大切だ。

無理に全員チャレンジさせなくてもよい。もしくは上りだけをさせるといった選択をさせてよい。発達段階に差があるからである。

　一方通行でやります。今度は、下り。下りは、怖い人は、やらなくてもいいからね。下りは、後ろ向きでもいいですよ。後ろを向いて歩くのもあり。

(子役が次々と歩く。)

　すごい！　できる自分をほめてあげてくださいね。皆さん、教室では最初からこんなに高くしないでくださいね。マット数枚でも、かなり坂を楽しめます。

　いいですね！　ちゃんとつま先で平均台を確認しています。

4　輪にした平均台を歩く

　最後は、平均台を5台つなげて、輪を作ります。
（平均台を5台つなげる。）

　全員、平均台に乗ってください。どこでもいいです。平均台の上を時計回りに歩いてみましょう。どうぞ、歩いてみて。
（子役が平均台の上を歩く。）

> ここまでの習熟があるので、全員で歩くことが可能となる。より協調性に意識が向く。

> 腰を落としても視線が上がるようになる。忍者や泥棒のようなイメージを伝えることで、教師が意図した動きにつながる。

　ちょっと腰を低くして。いいですね。なんか怪しいですね（笑）。

　曲をかけます（♪ピンクパンサーのテーマ曲）。泥棒のようになってやってみます。ジェスチャーでキョロキョロして。

　反対向きになります。警察が来たよ！　見つかっちゃうよ！　姿勢を低く、低く、見つからないように。

　見つからなかったから、立って歩いて大丈夫だよ。あ、また、お巡りさんが来た！
（急いで、かがむ。）

　オー、大丈夫でした。無事に目的に到着しました！では、輪の中心を見ます。みんなで手をつなぎます。ゴールです、ばんざーい!!

> 全員で達成感・一体感を味わうパーツを最後に入れる。

授業への講師コメント
~ 福田恵美子氏

体育館のライン歩きは、体の中心軸を安定させるためには絶対必要な動きですね。学校の生徒さんで姿勢が悪くてお尻が下がっている子には、絶対必要です。
四つん這いの動きは、子供には必要な動きです。平均台で足元を見ないで歩くというのは、かなりボディ・イメージができていないとできません。
ボディ・イメージを脳の中で記憶させながら、片足立ちの練習をします。片足立ちが難しいお子さんには、どんどんやらせるとよいです。
音楽に合わせて歩く場面、デュアルタスクですね。とっても楽しい動きですよね。

5 平均台で生まれるバランス感覚の多様な運動

Q1：何年生でもできますか？

A：全学年可能です。

極論で言うと、どんな学年でもバランス感覚を養うことは、生きる力になります。例えば、災害など危機の場面でケガをしないように避難するためには、バランス感覚が必要となります。

Q2：学校に使える平均台が2台しかありません。2台でも同様の実践は可能ですか？

A：可能です。

お勧めとしては、他の教具との組み合わせです。2台の平均台を使うのを待つのでは、空白時間が生じて運動量が減ることが予想されます。ですから、跳び箱や肋木、フラフープなどのコーナーを設定します。そして、場の数だけグループを作ります。10分ずつとかでローテーションをさせるわけです。

Q3：平均台に乗ることを怖がる子がいます。どのような指導が必要ですか？

A：幅が怖い場合には、2台3台とくっつけて幅を広くします。

その経験をさせてから、徐々に1台にチャレンジさせていきます。
高さが怖い場合には、脇に教師がついて歩きます。その際に、手をつないだり教師の頭を持たせたりします。
さらに、平均台からの落ち方を練習させます。バランスを崩して平均台から落ちることがあります。そのときにはお尻からマット（床）に着くようにします。

Q4：平均台を準備するのが大変です。どのような工夫が考えられますか？

A：体育主任と相談します。

可能ならば、単元の間は体育館の端に出しっぱなしにしておくとよいでしょう。
低学年ならば、前の時間の高学年体育時に、「平均台を出しておいて！」とお願いするとよいです。
また、平均台と同じような動きを平地で行うことができる、「スラックレール」という教材を使用することもお勧めです。子供たちはバランスをとろうとして、楽しく取り組みます。

6 登り綱で体感するスリリングな運動

運動系	：体つくり運動（遊び）
基礎	：多様な動きをつくる運動・力試しの運動
目標	：様々な動きに触れ、楽しむ中で動きが身につく
コツ	：全身を使ったダイナミックな動き。自由度が高い（やんちゃな動きを認める）

新学習指導要領への対応ポイント

① **知識及び技能**：用具を操作する運動の行い方を知り、その運動ができるようにしたり、それらを組み合わせた運動をしたりすることができる。

② **思考力、判断力、表現力等**：動きを高めるための運動を身につけるための課題を見つけ、その解決のための活動を工夫したり、考えたことを友達に伝えることができる。

③ **学びに向かう力、人間性等**：きまりを守って誰とでも仲良く運動をしたり、友達の考えを認めたり、場や用具の安全に気をつけたりすることができるようにする。

授業の流れ

「指導言」全文　　　　　　　授業者による解説

1 登って10秒支える

　先頭の人、登り綱に登ります。登って後ろの人が10数えます。1、2……（10秒数える）。
　すごい！　よく支えています。

> 登り綱をしっかりと握らせる。一定の時間ぶら下がる体験をさせる。

- ☞ 10秒などの時間を指定する。
- ☞ 友達同士で数を数えさせることで、友達の動きを見合うことにつなげる。
- ☞ 10秒できない子がいても、責めずに励ます。
- ☞ 上手に登り綱を握っている子をほめる。

2 鬼ごっこ

次は鬼ごっこです。いいですか?
(例を見せる。)

先頭が登ってみてね。赤い線から。「よーい、どん」と言ったら、A君が走って上に登ります。そうしたら、その間に後ろの人がA君をタッチします。

1人タッチ、2人タッチできたらこっちの勝ち。逃げ切ったらあなた(A君)の勝ち。

もう少し離れてあげようね。よーいどんで走って! 誰でも良いです。あなたは逃げるのですよ! よーい、どん。

> 登り綱に登るだけの運動をゲーム化することで、自然に登らざるをえない必然性を生み出す(AさせたいならBさせよ)。

☞ 言葉だけではなく、動きを伴う例示(モデル)を示す。
☞ 追いかける運動を入れることで、運動量確保につなげる。
☞ 苦手な子もゲーム化することで、上手くできなくても目立たなく取り組むことができる。
☞ 追いかける距離やスピードを変えることができることが、自己調整につながる。

やり方が分かった人? 誰が登るかで後ろの人は距離を考えてあげてくださいね。よーい、どん。

次の人どうぞ。赤い線から。よーい、どん。

次、行きますよ。3人目。よーい、どん! きついねー。おー! すごい人がいる! すごーい! レスキュー隊になれるね。

3 キャッチボール

先頭の人がぶら下がった状態から、今度は残りの人が、向こうと手前でぶら下がっている人を押し合います。キャッチボールのイメージです。いいですか? はい、どうぞ。

反対側に行ってあげてね。押してあげてね。びょーん。心地よくね。

楽しいから、ずっとやっていたいけれども、ほどほどで交替してあげてね。どこを持つか、どこへ足をかける

> 「つかまる」「登る」から「ゆれる」という動きを追加する。「ゆれる・ゆらす」という動きは鉄棒運動にもつながる。

☞ 初めは優しく押し出すことで、ゆれに慣れさせる。心地よさを感じさせる。
☞ しっかりと握ってつかまる動きを習熟

かを考えます。

　よく見ると、ロープの下にコブがある。そこに足をかけるとか、よいですね。

　気持ちよさそうだね。

　全員、体験してくださいね。どんどんやってくださいね。

　すごい、すごい！　みんな笑顔だけど、けっこうきついことをやっていますよ。OK。

する。
☞ 慣れてきたら、登った高い場所に掴まってみたり、片手を外したりして工夫をさせる。
☞ 押す側も、タイミングよく押す動きを身につける（ブランコを押す動きに似ている）。
☞ 押す側は、徐々に力加減を調整する。

4　マットに着地する

　白い線のところにマットを敷きます。協力して運びます。細長に置きます。

　4枚くらいかな？　横にずらっと。

　登り綱を手前に引っ張ります。緑の線あたり、ここから離す。ぶら下がっていって、マットの上に着地します。いいですか？　マットの上に乗れるかな？　やってみましょう！　どうぞ。

　次は、向こう側まで行って、戻ってくるときに着地します。上手！

　着地点を行き過ぎている人がいる。おしい、おしい。オー、すごい。

つかまっている運動から、タイミングよく飛び降りる運動。ゲーム性があるので、挑戦意欲が持続する。

☞ つかまって揺れながら飛び降りると、2つの動きを行う体験（協応動作）になる。
☞ 苦手な子には、スピードをコントロールするよう助言する。
☞ 工夫1：点数化をしてグループ対抗戦を行う。
☞ 工夫2：ルールを子供たちに考えさせる。「着地の仕方」「握り方」「高さ」など。

6 登り綱で体感するスリリングな運動

5 マットをより後ろに変える

　みんなには簡単なようなので、上級レベルに変えますよ。緑の線まで下げます。ここに着地してね。

　はい、どうぞ。どんどんやってください。すごい、すごい、すごい。うまいね。

　こんな、すごい人もいる。上手。さすがです。みんな、やんちゃですね。OK、いいですね。

> 「ダイナミックな動き」と「より調整力が必要となる飛び降り」との変化のある繰り返しで展開する。
>
> ☞ 教師の予想を超えてくる子を称賛する。
> ☞ 少し危険だという動き（リスキープレー）に挑戦させる。ただし、マットを敷くといった安全面の配慮が必要である。
> ☞ 着地場所を明確にするために、教具を選択させる（例えば、ケンステップ。踏切版。跳び箱を数段など）。
> ☞「そこで降りる！」など、友達の動きに声かけをする子を称賛する。

6 マットを越えた場所に戻る

　今度は距離を伸ばします。マットを越えます。もっと遠くに行って戻ってきます。

　思いっきり助走して！
（模範を示す。）

　ぜひ、やんちゃにどうぞ！

　次は、ここに跳び箱を置きます。

　乗る場所も狭くしていきます。

7 横に渡る

　こちら（右端の登り綱）から向こう（左隣の登り綱）に渡っていきます。どうぞ。すごい！

　反対側（左端）からでもよいので、やってみてください。

> 「渡る」という新たな動きに挑戦させる。ジャングルジムや肋木などの動きにつながる。

すごい、すごい。半分くらいで戻ってね。いいですね。このように、登り綱は、縦（上下の昇り降り）だけでなく、横の動きもできますからね。ぜひやってみてください。

☞ 1人で挑戦させても、友達と協力（縄を取ってあげる）させても良い。
☞ つかむ時間が長くなったり、片手で持つ時間ができたりするので、体を支える動きの負荷が高まる。

授業への講師コメント
～谷 和樹氏

最近はあまりこういうことをやらないですね。学校の体育に取り入れていますか？　登り綱。登り棒はやりますか？　両方とも大事ですね。登り棒は簡単なので、そっちでやって登り綱でもやる。
背筋を鍛える機会が子供たちには少ない。こういう種類の運動はさせていないですね。そして、1回や2回やったからといって子供たちに筋力がついていくことにはならないので、やっぱり毎日毎日、毎回の運動が必要です。体育の中でほんのちょっとでも触れさせるというのがよいでしょう。

Q1：体育の授業で登り綱を使うメリットは？

A：しっかりと握るというような運動体験は、意外と少ないという実感があります。

　器具を握る経験は、巧みな操作につながります。また、「ゆれる」という運動も「鉄棒運動のこうもりふり」や「マット運動のゆりかご」という限られた動きにしかないので、貴重な運動体験ができます。

Q2：限られた場所なので、効率のよいローテーション方法を教えてください。

A：1つの運動パーツを短くすることです。

6 登り綱で体感するスリリングな運動

　長々とやると、待っている子供が飽きてしまいます。また、1番前の子供を固定化せず、1つのパーツを終えたら最後列にするといったローテーションが必要です。

Q3：安全面で気をつけることを教えてください。

A：怪我をさせないための注意と確認です。

　古い登り綱だと、繊維がほぐれていて手を怪我させる危険性があります。事前に確認しておくことが大切です。

Q4：低・中・高学年、それぞれで行うポイントを教えてください。

A1：低学年。

　誰もが楽しめる運動に取り組みます。その体験を通して、「ゆれる心地よさ」や「ぎゅっと握る力強さ」などの体や心の変化に気づかせます。

A2：中学年。

　特定の動きを高めることを目指すよりも、今回示したように様々な動きに触れ、楽しむ中で動きが身につくように工夫することが大切です。

A3：高学年。

　体力を高める必要性を理解させ、自己に適した課題を持って子供に様々な運動に取り組ませ、課題に応じて内容を工夫させることが大切です。

Q5：登り綱は何時間くらい行うのですか？

A：あくまでも「体つくり運動」の単元の一部であることを忘れずに。

　他の動きとの組み合わせが大切です。例えば、「第1時に登り綱、第2時に肋木、第3時にフラフープ、第4時はそれまでの内容を工夫させる」等々。勤務校の年間計画を確認しましょう。

7 園庭での築山を活用した環境活用型の運動遊び

運動系	体ほぐし
基 礎	誰もが楽しめる手軽な運動遊びを通して、運動が好きになる
目 標	就学前の運動遊びを引き継ぎ、小学校での様々な運動遊びに親しませる
コ ツ	成功よりもナイスチャレンジを重視する

新学習指導要領への対応ポイント

① **知識及び技能**：体ほぐしの運動遊びの行い方を知るとともに、手軽な運動遊びを行い、心と体の変化に気づいたり、みんなで関わり合ったりして遊ぶことができるようにする。

② **思考力、判断力、表現力等**：体をほぐす遊び方を工夫するとともに、考えたことを友達に伝えることができるようにする。

③ **学びに向かう力、人間性等**：体ほぐしの運動遊びに進んで取り組み、きまりを守って誰とでも仲よく運動をしたり、場の安全に気をつけたりすることができるようにする。

授業の流れ

「指導言」全文　　　　　　　　　　授業者による解説

1 あいさつ

桑原先生っていいます。言ってみてください。くわばらせんせい、さんはいっ！
（「くわばらせんせい！」）
　上手だね！　動くの好きな人？　そうですか。いろいろやっていこうね。

> お互いに声を出す。

☞ 初対面での緊張は、教師よりも子供たちの方が大きい。そこで、誰でもできる声を出す行為から始める。

☞ スッと本題に入る。

第1章　驚きの活用法！　教材・教具が活きる新たな指導

2　築山の周りを走る

　先生についてこられるかな？　ついてきて！　走るよ。ついてきてよ。速いぞ。速いぞ。ゆっくり〜。横歩き、できる？　できるかな？　横歩きできる？　ちょっと速いぞ。ちょっと速いぞ。ほら。はやくはやく。上手。いいね！

> 誰でもできるかけっこ。
> - 「先生についていく」という目標物があるので、安心してかけ出す。
> - かけっこならば、誰でもできる。
> - 「どのくらい走れるのか？」「ついてこられるのか？」といったアセスメントを同時に行っている。

> 変化のある繰り返し。
> - 緩急をつけるスピードの変化。
> - 前後、横といった向きの変化。
> - 手や足の動きの変化。
> - 教師が鬼ごっこのように追いかけることで、いつの間にかゲーム化になり、楽しい雰囲気が倍増する。

　大きく。大きく。あら、いいじゃない。上手。大きく。大きく。そう上手。手をいっぱい上げて。いいね。

　こっちグルグルグルグル。速いな、速いな。危ない。追いついちゃう、追いついちゃうぞ。

　ストップ！　反対。反対。追いつけ。追いついちゃうぞ。大丈夫かな。

3　遊具をくぐる

　ストップ。ここ(木製遊具)をくぐれますか？　くぐれるかな？　くぐってみて！　いろんなところをくぐってみて！　すごい！　全部くぐっていいよ。順番を待っている人もいる。えらいね。譲り合ってね。ストップ。

> ボディ・イメージの育成。
> - 木製遊具には丸や四角というくぐって遊ぶ穴が開いていた。
> - 上手にくぐるには、自分の身体をコントロールして木枠にぶつからないようにしなければならない。この運動でボディ・コントロール力が育つ。

今から先生がここに電気を流します。触ったらビリビリってなるから。触らないでくぐってね。どうぞ。

あ、触った触った！　ビリビリビリ。はい、どうぞどうぞ、触らないでね。

おっ、できるじゃん。すごい。慎重に。すごい、スーパー年中さん。

(「全然ビリビリしない」)

全然ビリビリしない？　気のせいだよ。あっ〇〇ちゃん駄目だ、さわっては!!　わー！　あーあー。アウトだ。ビリビリー。

(「アウトー！」)

アウトー、ビリビリー！

☞「電気が流れる」と例えることで、さらに体をコントロールしようという意識が働く。抑制である。

4　築山に移動

はい、いいよ。では、さっきの山に行こう！　はい、山のところにいくぞ。タッタッタッ。

今度は、山の周りをグルーっと囲みましょう。グルーっと囲って。オー、速い速い。

| スムーズな移動。

☞「タッタッタッ」と擬態語を使うことで、移動するときのスピードのイメージを伝える。

☞ 全員が整列してから移動するといったことはせずに、すぐに全体を動かしてしまう。全体が動くから、気づいていなかった子はこの時点で気づき、ついてくる。

5　動物歩き〜犬

今度はみんな、動物さんに変身です。

(「え!?」)

7 園庭での築山を活用した環境活用型の運動遊び

まずは、犬に変身。犬。犬ってどうやって歩くの？そう、膝をつかないんだね。犬はね、膝つかないよ。犬のまま上がってきて。どうぞ。膝つかないんだよ。速い犬がいる。転んでるぞ、犬が。着いたら戻る、戻る。転がっている犬がいるぞ、大丈夫か？　速い速い速い。あら、転がっている人いる。上手だね。

今度の犬さんは、先生の方を見ながら上がってこれるといいね。先生を見て、どうぞ。顔上げて！　着いたら戻って！　うわあ、こわい、こわい、いっぱい来た！うわあ、こわい。さあ、戻って、戻って。あれ？　猫がいるぞ！　怪獣がいるぞ！　わはは。戻って、戻って。上手、上手。

6　動物歩き〜馬に変身

みんなうまいね。犬ができたら、今度は馬さん。馬ってお尻が高いんだよ。こう。できる？　お尻を高くして上ってきて。どうぞ。先生のところだよ。着いたら戻って。うおお、こわい、こわい。また怪獣のお馬さんがいる。うおお、こわい、こわい、こわい。

| 逆さ感覚を変化のある繰り返しで見つける。

☞ 頭を低くした動きは、日常生活では滅多にない。意図的に動物動きのような運動を仕組む必要がある。

☞ 平らな場所と違い、築山で行う利点の1つに、スタートとゴールの明確さが挙げられる。ふもとがスタート、山頂がゴールと分かりやすい。

☞ 犬の動きは、手と足の裏で体を動かす力、併せて腕で体を支持する力が鍛えられる。

☞ 山頂からふもとへの下りの動きは、より逆さ感覚が磨かれる。腕支持力を高めないと、前に転がってしまうからだ。

| より逆さ感覚を鍛える。

☞ 馬にすることで、腕支持の肘が伸びる。より自分の身体を支えながら突き離す動きが身についていく。

☞ 後ろ向きで下ることは、難易度が高い。平地と違い、下ろしていく足の位置が不安定であるからだ。どのくらい下りればよいのかの距離感がつかめない。リスキープレーの1つである。ただし、芝生であるから、不安感よりも安心感が勝る。

みんな上手すぎるから、今度は後ろ向き。後ろ向きの馬さんで上がって来られるかな？　これは難しいよ。みんなできないかもしれない。挑戦！　すごい、すごい、すごい。

　帰りも後ろ向きね。帰りも後ろ向き。上手、上手。うまいよ。お尻が高くて、すごい。帰りも後ろ向き。上手。上手だね。後ろ向いて戻ってごらん？　うまいじゃない。みんなお尻がしっかり上がってる。お尻が上がっていてうまい。

　はい、いいよ。途中でも戻ってね。うまい。できた人？　すごいね。スーパー年中さんです。先生、できた人を見たことがない。すごいね。

☞「スーパー年中さん」というほめ方は、向山洋一氏から学んだ。どの学年でも効果的である。

7　動物歩き〜うさぎ跳び

　今度は、うさぎさん。うさぎさんだから、こうやってお耳をつけてね。どんどん上がってきてください。ぴょんぴょん。ちょっと待って、ストップ。うさぎさんが立ってるぞ。うさぎさんは座って、座ってぴょんだよ。そうそうそう。OK。

| 跳躍力を鍛える。 |

- ☞ 築山での跳躍は、角度があってやや難しいが、ゴールが明確なので挑戦しやすい。
- ☞ 教師による「4回」という目標値の設定は、園児の挑戦意欲をくすぐった。達成できる丁度良い基準値となった。
- ☞ 自由に跳んでいた動きから、数値目標を達成するための動きへと変化する。より遠くに跳ぼうと、園児なりに思考が働く。
- ☞ 全身を使って跳躍している子を見つけてほめる。

　今度は、できるだけ前に跳んで。こうやったら、1、2、3、4。先生4回で来ちゃいました。みんな何回で来れそうかな？　やってみて。

　1、2。2回!!　うわあ。何回？　指でやってみせて。何回？　4、4。すごい、すごい。

　もう1回やっていいよ。挑戦して、またやっていいよ。できたら教えて。8回。よし、いいよ。次、7回目指して。2回目は少ない回数を目指して。

　○○ちゃんは、何回？　もう1回挑戦。すごい。体全部を使っている。素晴らしいね。3回ってすごいじゃない。3回、すごい。6回もすごいよ。

7 園庭での築山を活用した環境活用型の運動遊び

8 動物歩き～ミノムシに変身

次。みんな上にあがって。座っていいよ。

次はね、ミノムシ。ミノムシってね、こう。
(回る。)

うわーあー、ころころ転がります。目が回らないように、スピードに気をつけてね。転がってみて。どうぞ。

坂を生かした運動遊び。

☞ ミノムシによる横転がりは、坂があるので自らの力だけではなく、傾斜に助けられて転がっていく。環境を生かした動きである。

☞ 体全体を針のように伸ばすことが困難な園児がいた場合、多くのケースでは肘や膝が曲がっていて、つっかえ棒のようになってしまっている。

ゆっくりでいいよ。手を伸ばす、手を伸ばす。そうそう、膝も伸ばす。うまい、うまい、うまい。おー、上手。上手。目が回ったらちょっと休んでね。何回もやっていいよ。手を伸ばすこと。膝も伸ばして！ ピーン、ピーンってなって。上手だね、上手、上手。
(「見てて」)

うん、見てる見てる。どれ、どれ？ ○○さん。いけ！オー、○○さん、すごい。

目が回った人は、休んでね。

☞ 三半規管を揺らすこと、ゴロゴロの趣意説明を入れる。

さあ、できてきたら戻ってきてね。また山の上に、座っていいよ。座って。

目が回っちゃった人はいますか？ ちょっと、クラクラする？ みんな強い人だね。強い人っていうのは、どういうことかというと、目が回らないと、車とか乗り物に乗っているときに気持ちが悪くならないんだって。まだちょっと気持ちが悪くなっちゃうなって思った人は、もっとくるくる回る練習をするといいよ。練習すると慣れますから。

9 動物歩き～合体ミノムシ

次はね、今のミノムシを合体します。
(合体。)

73

〇〇ちゃん、立って。〇〇ちゃん、ミノムシになって、手を伸ばして。そうです。もう1人のお友達と、このように手を伸ばして、2人組で手をつなぎます。つないでいくよ。せーの！　うーわー。
（回る。）
　2人で一緒にミノムシ。どうぞ。上手だったね。

　〇〇ちゃん、やるか。△△さん、やるか。よし、●●さん、こっちでやろう。見てるよ。どうぞ。せーの。うまい、うまい。2人、仲良しだね。上手。よし、やるぞ、▲▲さん。寝るぞ。手を伸ばして。いくぞ、▲▲さん。せーの、それ。
（回る。）
　手ねじれちゃうよね。せーの。それいけ。
（回る。）
　止まっちゃったぞ。
　3人?!　ストップね。〇〇君がね、3人同時でやったらって。できる、3人で？　どうやるの、3人？
（「2人がこうやってさ、足にさ」）
　足を持つのか！　やってみたい人、やってみて。3人だって！　2人が手と手をつないで、3人目は足を持つ！　できるかい？
（3人で回る。）
　すごい！　〇〇さん、ナイスアイデア。あそこも3人でやっている！　うわー、すごい。
（「4人!!」）
　4人!!　えーっ？　5人もやる？　すごい。すごい。

| 協調運動。 |

☞ 自由に運動したら、次は友達と動きを合わせる運動である。年中児にとって友達との関わりは、大切な内容である。自分勝手に回っては、成功しない。協調すること、それが楽しいということを経験させる。

☞ 言葉の説明ばかりに頼ってはいけない。モデルとなる例示が、真似をしたいという安定感につながる。

☞ 例示することにより、園児は自然に取り組む。これは、運動が自動化されている状況と見て取れる。自ら学ぶ姿が、あちこちで見られた。

☞ 運動が自動化されているから、園児たちから、3人組や4人組の合体ミノムシの動きが生まれてくる。

7 園庭での築山を活用した環境活用型の運動遊び

10 築山でオセロゲーム・体じゃんけん

　ここまで上がってこようか。みんな上がってきて。一番上まで。

　先生、こんなモノを持ってきました。これ何色？（黄色）こっちは？（青）青だね。

　男の子、これをバラバラに置いてください。

　男の子は黄色を青にめくります。青だよ。女の子は何色にするの？　そう、青を黄色にして。

　モノに近づくときには、犬さんで行きます。犬で行くんだよ、かえるじゃないぞ。用意、スタート。10、9……1、そこまで！

　もう触らない。戻る。1枚でもめくった人？　ひっくり返した人？　できなくても、やることが大事です。2枚も3枚もいっぱいめくったよって人はすごいね。大したもんです。

　では、次はね。先生とじゃんけんをしましょう。立ちます。体じゃんけん。最初はグーです。やってみましょう。さん、はい、最初はグーです。次、パーはどうする？そうだね。パー。チョキは？　これじゃ手のチョキだな。体のチョキ。できるかな？　かっこよく。せーの、チョキ。なんだ？　おさるさんがいるぞ。大丈夫か？

　最初はグー、じゃんけんパー！　チョキの人が勝ち！

　2回戦。最初はグー、じゃんけんグー！　パーの人が勝ち。いますか？　おーすごい、すごい。

　では最後ね。じゃんけんの最初のときに、ちょっと跳びましょう。最初はグーって跳ぶんだよ。いきます。最初はグー、じゃんけんチョキ！　グーの人が勝ち！

　はい、OK。みんな距離が近いから、ルールを変えるよ。1枚めくったら戻ってください。めくったら、続けて2枚目をめくってはダメにします。1回、戻る。また上がって

築山の待機場所。

☞ これまでは「ふもと」「頂上」の2か所であったが、3か所目の「中腹」を示した。山頂の円周を囲うように並ぶ。

教材「スポーツリバーシ」。

☞ 2チームに分かれ、時間内に裏返した枚数の多さを競うゲームである。ルールが単純だから盛り上がる。

体じゃんけん。

☞ オセロゲームの1回目では、モノに密集して次々とめくりだす園児が続出してしまった。本来は1枚めくったら最初の場所に戻るというルールなのだが、説明を抜かしてしまった。それで満足にできない状況になり、雰囲気もやや盛り下がった。

☞ 気分を変えるため予定にはなかった「体じゃんけん」に急遽、取り組んだ。

☞ オセロゲームで気落ちしていた園児も、盛り返していた。誰もができる動きであるからだ。

きてめくるんだよ。分かった人は手を挙げます。すごいね。小学生だって1回で分からない人もいるのに、みんな素晴らしい。女の子は何色にするのかな？（黄色）男の子は？（青）記憶力もいいね。では、下りてください。上るとき、今度は犬さんじゃなくてもいいです。うさぎさんや馬さんでもＯＫ。ミノムシではダメだね。ミノムシでは上がっていけないから。動物歩きで行って、動物歩きで帰ってくる。よーい、スタート。

　1枚めくったら戻ります。戻る、戻る。上手、上手。帰りのみのむしは大丈夫だね。また行っていいのですよ。「やめ」と先生が言うまでやっていい。さあ、疲れてきたぞ、動物さん。ラストになるぞ、もうすぐ。はい、ストップ。青の勝ちです！　男の子の勝ちです。

その場で柔軟にルールを変更する。
☞ 上手くいかなかった場合には、潔く変更する。
☞ 距離を変える、連続めくりをしない。
☞ 「動物歩きで行き帰りをする」と、動きを限定するから、意味のある運動遊びとなる。

11　寝転がる

　寝ちゃっていいよ。手と足を大きく広げて、お空見て。お空に両手を上げて、その足を横におろします、パタン。両足上げられる？　そこで止める。ピタッ！　はい、下ろして。すごいね。

　次は、ちょっと危険だけれど、頭が下になるように反対に寝られるかな？　足の向きが頂上。頭が下だよ。できるかな？　足を上げてみよう。ピタ、ピタ、ピタ、ピタ。みんな、できるな。すごい。はい、戻して。

意図的に休憩する。
☞ 園児から低学年にかけての子供は、ストップをかけないといつまでもアクセルを踏んだ状態で運動を続けてしまうケースが見受けられる。
☞ 教師が休憩をコントロールしなければならない。
☞ 後転につながる動きをさりげなく行っている。

　この足を自分の頭の方まで着けて。着けられる？　柔らかい人は着くね。オー、すごい。やわらか！　柔らかい人いる！　すごいな！　もどして。

　今ので、ゴロンと回れてしまう人もいるんだよ。できる

7 園庭での築山を活用した環境活用型の運動遊び

人はやってみて。そうそうそう。回れちゃうんだよ。あらー、すごい。体操選手になれちゃう。うまいねー、回っている！ 上手、すごいね。

12 大きな築山へ

さあ、最後です。高いお山でやりますよ。自分の今、立ってるところから反対側に行きます。こう上ったら止まらずに反対側に下ります。最後は、転ばないで、ピタって止まります。

よーい、どん。

最後は、ブレーキで止めるよ。自分の体にブレーキをかけないと、あ〜って転んでしまうでしょ？ ケガをしてしまうからね。

もう1回行くよ。用意、どん。山を越えたらブレーキをかけて下りるぞ。止まるように、止まるように、ピタ！ オー、上手い人がいる！ ピタ！ すごい、すごい。できるね。

慣れてきたら、ちょっとスピードを上げましょう。ちょっと速く行ってください。はい、どうぞ。速く行くけれども、ブレーキはかけるんだよ。止まる！ オー、すごいな。

はい、横向きで、カニさん。カニさんで行って下りてきます。どうぞ。下りるときにブレーキ、ピタ！ 上手、上手。反対向きで挑戦。

今度は後ろ向き。難しいぞ。後ろは見えないから、ゆっくりでいい。ここ（頂上）まで行っても、まだ後ろ向きで下りますよ。これは難しいからね。怖い人はゆっくりでいいからね。でも、最後はピタ！

動きのコントロール。

☞ 小さな築山での運動を経て、より高い大きな築山での運動に変化させる。

☞ より自己調整を働かせないと、勢いに体がもっていかれてしまい、コントロール不能となる。

☞ 「ピタ！」というストップの練習をすることにより、自分の身体をコントロールする力が身につく。

☞ このストップを磨くことで、普段、教室や廊下などでストップできずに友達とぶつかってしまうケースを減らすことができる。

変化のある繰り返し。

☞ 横向き、後ろ向きへと姿勢を変える。

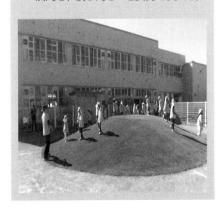

はい、どうぞ。スタート。後ろ向き。下りるときが難しい。できた？ すごいなぁ。ピタ。できた！ すごい。

できている人は、ちょっとスピードを上げてください。できない人はまだいいよ。同じスピードで。はいどうぞ、最後だ。うわー、怖い、怖い、怖い、怖い。後ろ向きで下りるのは難しいぞ。すごいね！ ガッツポーズだ。

できた人！ すごい、スーパー年中さん。さあ、上に上がるぞ。用意、どん！ 集まります。みんな楽しくできましたか？ おしまいです。

授業への講師コメント(1) 〜 小嶋悠紀氏

私が子供の身体発達、感覚、体性感覚、運動発達をもとにアドバイス、プロデュースした園庭です。
桑原先生が、この園庭の活用を見事に実現しました。K12を支えるTOSS向山型体育の幕開けです。

授業への講師コメント(2) 〜 根本正雄氏

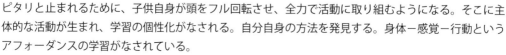

この実践は素晴らしい。桑原先生の指導から「自己調整」を発見した。私は、「自己調整」について次のように考えている。
（1）個別最適な学びが成立するには、子供自身が学習を調整できるようにする必要がある。
（2）子供自身が自ら選択・判断・決定・調整するようにする。
（3）子供自身が頭をフル回転させる活動に取り組むようにする。
桑原先生の「体のブレーキ感覚を育てる」運動は、まさに上記3点の「自己調整」の条件を満たしている。「山」の坂を下りてきて、「山と砂の境目でピタッと止まれるように走る」には、スピードをコントロールする自己調整が必要である。
そのためには、子供自身が自ら選択・判断・決定・調整することが求められる。どのくらいのスピードで行けば、ピタリと止まれるのか。自分で考え、選択・判断・決定・調整していく中で、最適な動きを発見する。
ピタリと止まれるために、子供自身が頭をフル回転させ、全力で活動に取り組むようになる。そこに主体的な活動が生まれ、学習の個性化がなされる。自分自身の方法を発見する。身体－感覚－行動というアフォーダンスの学習がなされている。

7 園庭での築山を活用した環境活用型の運動遊び

Q1：築山の魅力は何ですか？

A：高低差です。

　かけ上る、かけ下りるという運動経験は、坂道でもないとなかなかできません。今回は、高低差を活用しながら、体つくり運動やマット運動の動きを取り入れました。

Q2：築山を活用した運動は、他にどんなものが考えられますか？

A：ご自身でまず考えることです。

その上で、私が考えていた内容は次の通りです。
①片足ケンケンでの動き。
②投の動き。玉入れ用の玉などを、ふもとから頂上に向かって投げる。ふもとから反対側のふもとまで投げる。
③集団での移動遊び。中腹やふもとで手をつないで円周に立つ。そこから左右に歩く、走る。同じく手をつないでの上り下り（中央に集まっていく『マイムマイム』のフォークダンスの動き）。

Q3：運動の得意な子、そうではない子がいる中で、気をつけていることは何ですか？

A：7～8割を想定していることです。

　全員の子ができるようになるということは、求めていません。大体、7～8割の子ができたかなという見取りで、次の運動に進むことが多いです。引っ張り過ぎると、できない子が目立ってしまいます。できた子は飽き出します。

Q4：園児対象の体育で気をつけたことは何ですか？

A：運動あそびの中で「多様な動き」を引き出すことです。

　ひとつの動きに偏らないように、まんべんなく、バリエーションに富んだ体の動かし方ができるように、遊び方を組み立てることを考えました。投球動作やバドミントンなど、複雑にみえる動作でも、分解していくと、実は1つ1つの単純な動きの組み合わせだったりします。子供たちが大きくなって、「こんな動きができるようになりたい」「このスポーツをやってみたい」と思ったときに、「基本的な動作がどれだけ身についているか」がポイントになってきます。そのために、多様な動きを理解し、意図的に組み立てて授業化する視点が必要です。

8 外遊具での創造的な園庭運動遊び

運動系	体ほぐし
基 礎	誰もが楽しめる手軽な運動遊びを通して、運動が好きになる
目 標	就学前の運動遊びを引き継ぎ、小学校での様々な運動遊びに親しませる
コ ツ	成功よりもナイスチャレンジを重要視する

新学習指導要領への対応ポイント

① **知識及び技能**：体ほぐしの運動遊びの行い方を知るとともに、手軽な運動遊びを行い、心と体の変化に気づいたり、みんなで関わり合ったりして遊ぶことができるようにする。

② **思考力、判断力、表現力等**：体をほぐす遊び方を工夫するとともに、考えたことを友達に伝えることができるようにする。

③ **学びに向かう力、人間性等**：体ほぐしの運動遊びに進んで取り組み、きまりを守って誰とでも仲よく運動をしたり、場の安全に気をつけたりすることができるようにする。

授業の流れ

「指導言」全文　　　　　　　　　　授業者による解説

1 平均台を歩く（渡る）

桑原先生です。言ってみましょう。元気ですね。いろいろな運動をしていきますね。
　<u>平均台（木材の橋）を渡ります。</u>
　<u>ゴールしたら、戻ってきますよ。</u>
（次々と平均台を渡っていく。）
　<u>2回目の人は、足下を見ないで歩きます。</u>
（前を見て歩いている子をほめる。）
　<u>手でバランスをとっているね。</u>

> 簡単な運動から始め、ポイントを教える。

☞ 平均台（6台分）を歩いて渡る。数名が渡り終わる頃合いで、戻る指示を出す。

☞ 「バランス」というキーワードを伝える。

第1章　驚きの活用法！　教材・教具が活きる新たな指導

2　平均台を歩く（向きを変える）

3回目は、カニさん。横歩きです。できるかな？
顔を上げていて、上手だねえ。
難しい人は前を向いて歩いていいよ。
4回目は、後ろ向き。
ここまで（中間地点）にしよう。
慎重ですね。
上手ですね。
スーパー年長さんです。
できた、すばらしい。

> 3つ目の動きは、ちょっとだけ難しくする。
>
> ☞ 2つめの動きに戻しても良いことを伝えつつも、多様にほめることで、学習への意欲を高める。
>
> ☞ 後ろ向きはペースが落ちるので、平均台3本分で止める。ゴール位置にサポート職員が立つ。教師が1人なら、カラーコーンなどを置く工夫が必要である。

3　「おっとっと体験」〜自らバランスを崩す

バランスが上手にとれると、運動が上手になります。
わざと「おっとっと」をします。先生を見ていてね。
（体を前後に揺らしてバランスを崩すような動きを例示。）
「おっとっと体験」、どうぞ。
（落ちそうで落ちない体験をする。）
（大興奮。）
お隣さんを巻き込まないように。
できる人は、片足おっとっと。
うわー、落ちちゃったー。

> バランス感覚づくりに焦点を絞って指導する。
>
> ☞ どのくらいバランスを崩すと落ちるのか、気づかせる。自己調整力を高めている。

座ります。

おっとっとができると、どこまでできるかが分かるので、バランスが上手にとれるようになります。

4 腕支持をした両足跳び

次です。見ていてね。
（例示。）
（手を着いて、両足をそろえて、左右にジャンプをする。）
できる人は、お尻を高く。
スゴイねー。できるね、みんな。
ピョン、ピョン、ピョン。
上手だね。跳び箱名人になっちゃうね。

説明が難しい複雑な動きは、例示を示す（模倣、まねをさせる）。

☞ 注目を引きつけた状態で例示する。
☞ 例示は一度だけでなく、4～5回ゆっくりと繰り返し、イメージを伝える。
☞ イメージが伝わった子から運動を始める。

☞ 休憩中も子供の様子を見たり、ほめたりする。

水分を採りましょう。
小学生になれちゃうよ。
びっくりしました。

5 ボールを取りに行く

女の子だけ、ボールを1つ取ってきます。
（歩いていく。）
男の子は待っています。
待てました。えらい。
男の子、どうぞ。
（走っていく。）
女の子は、ボールを持って（木材の上を）歩きます。
男の子もどうぞ。

用具の出し入れは密集するため、危険を減らす為に、移動に時間差をつける。

☞ 女子から取りにいかせるのがポイント。同時に行かせると、意欲的な男子が状態の良いボールを取ってしまう可能性がある。
☞ 待っていた男子をほめてから取りにいかせる。

8 外遊具での創造的な園庭運動遊び

時々、ボールを投げ上げられるかな。

ポーン、ポーンって。

できるね。すごい。

止まらずに（キャッチ）できたら、スーパー年長さん。

（「こわい」の声。）

怖いね。怖いのが分かるのも勉強だよ。

6 ボール投げ・ボール蹴り

集まります。

（1人の子に）ボールを貸してね。

ボールを転がしたり、投げたりして、（様々な形の穴が開いたついたてのような遊具の）穴を通します。

先生がやってみるぞ。

上手く通せたら拍手。

上手くいかなくてもがんばったねと拍手。

（転がして投げると外れる。）

（あああー。拍手。）

色々な穴があるからね、通してみてね。

入った、すごいね。うまいね。

今度はキックです。

（ほとんど入らない。）

（入った子は大喜び。）

いろいろな穴に挑戦しましょう。

そこまでです。ボールを手に持って、5、4、3……。

ボールを上げて見せて。

早いなー。小学生みたいだ。

遊具の使い方の幅を広げる。

☞ 遊具の穴に両方向からボールを投げ入れさせる。

☞ おおむね順番を守れているので、その指導はしていない。

☞ 1カ所に集中しないように、別の場所にも同じ遊具があることを知らせる。

☞ 入ったときには力強くほめる。

☞ 1人1つのボールを持っていることを確認する。

83

7 ボール投げ入れゲーム

（移動して。）
　　平均台の向こう側に男の子、こちら側に女の子が立ちましょう。
　　ボールを投げます。
　　どんどん投げます。
　　反対側に投げます。
　　ひろって投げます。
「やめ」と言われたときに、相手にいっぱい投げていた方が勝ちです。
　　ぶつかっても泣かないでよ。
　　よけてもよいですし、取ってもよいです。
　　男の子、少し下がります。
（大興奮しながら投げ合う。）

連続でのボール投げを、ダイナミックな形で行う。

☞ 肋木で区切ることで明確な仕切りを作る。子供が、自分の力に合わせて立ち位置を調整できるようにする。
☞ ボールを拾って何度も挑戦できることがポイントである。
☞ 相手に当てるのではなく、相手の陣地に投げ入れるというルールが楽しいし、安心して取り組める。

　　5、4、3、2、1、ストップ。
（女の子のコートにボールがたくさんある。）
　　今日は、男の子の勝ちです。
　　女の子は拍手。
　　どれでもよいので、1人1つ、ボールを戻してきましょう。

☞ 勝敗は速やかに教師が判定することで、混乱を防ぐ。

8 築山を使った運動

　　今度は築山です。
（人工芝の築山に）寝転がります。
（それぞれ自由なポーズ。）
　　お茶を飲みたい人、飲んできます。
（築山でくつろぐ。）
　　山から転がります。

8 外遊具での創造的な園庭運動遊び

どんな転がり方がありますか。
目が回らないようにね。
(大興奮で転がる。)
でんぐり返しができるの？　すごいね。
横に転がる人が多いね。
後ろ転がりもいるよ。
山の下に下ります。
登っていって、反対側に向かって下ります。
最後にジャンプして、(山のふもとで)ピタッと止まります。
ピタッと止まります。
次は、ハイハイします。
先生のところまで登ってきます。
(フライング。)
まだだよ(笑)。
(先生が囲まれる。)
わー、怖い、怖い。
はい、今日はおしまいです。
ありがとうございました。

| 一息ついて休憩してから、巧みな動きをさせる。

☞ 休憩も大事な運動である。
☞ 教師は進んで会話する。

| 活動量を落としていき、心拍数を落としていく。

☞ 自然とスキンシップも図っている。
☞ 誰よりも先生自身が楽しむことも大切である。

授業への講師コメント
～小嶋悠紀氏

TOSS向山型体育が示す圧倒的な幼児の事実。向山型は全ての子供たちを幸せにすることを桑原先生が体現して、事実として示しました。
様々な配慮を要する子がいる中、変化のある繰り返しで展開する体育で巻き込んでいます。奇跡ですね。

Q1：この授業で、桑原先生が一番心掛けた点を教えてください。

A：できる・できないことよりも、挑戦すること。

　周りの友達と比べるよりも、自分事に関心が多い3〜5歳及び運動経験の少ない小学低学年の子供たちには、体を動かす楽しさを経験させます。そのためには、挑戦させなければなりません。できる・できないといった成功・失敗体験も結果的には必要です。ですが、そんなことを気にせずに挑戦していく意欲を高めて経験値を増やすことが、この時期には大切です。合言葉は「ナイスチャレンジ」。運動していること自体をほめることを意識しました。そのためには1つ1つの運動遊びが楽しいものである必要があります。それをテンポよく展開する。TOSS向山型体育で学んでいる要素です。

Q2：平均台遊びで、一番させたかった動きは何ですか？

A：「おっとっと」体験。

　バランスをとる動きには、平均台を渡るだけでも取り組めます。自己調整しますから、平均台から落ちないでスムーズに渡る子供もいます。そのような子の力をさらに引っ張り出したい。そのためには、あえてバランスを崩すことが必要です。これをねらった動きが「おっとっと体験」です。アンバランスさを自ら作り出し、そこから立て直すという動きは、「おっとっと」と呼ぶのにピッタリです。

　危険な遊びをリスキープレーと言います。あえて危険な行為をすることで「ここまでは大丈夫」という学習をします。一昔前に比べると、体育だけでなく、公園などの日常の遊びの中でもそのような遊びは禁止されている傾向にあります。大きな枠組みで考え、リスキープレーを体験させること。これが自分自身の身を守る（ボディ・バランスを培う）ことにもつながります。

Q3：この授業の中で、特に発達を意識した運動を紹介してください。

A：左右の動き・器具を組み合わせた動き・ストップの動き。

　1つ目は、平均台を腕支持して左右に跳んで進む運動です。平均台を中心に、身体が交差するように跳びます。すると、右脳と左脳に脳梁から刺激が入り、バランス感覚が養われます。左右行う大切さは、他の運動でも同様です。

　2つ目は、ボールを持って平均台を渡る運動です。渡るだけの運動から、同時にボールを持つという同時処理が要求されます。「ボールを落とさないようにしなくちゃ」と考えながら、平均台から落ちないように渡らなくてはなりません。覚えておくことが増えるため、ワーキングメモリが鍛えられます。

8 外遊具での創造的な園庭運動遊び

　3つ目は、築山からかけおりて止まる運動です。動から静にする動きは、体育では多様にあります。この自己調整ができるように、体育の中で扱うことが大切です。普段の生活の中で、「はい、そこ！座ります！」と、いくら口で言ってもなかなか行動に移せない子供がいます。そういった子供への1つの手立てとして、「ストップする」動きをこの時期に行うことは大変意味があります。

> Q4：子供たちの動きを引き出すために心がけていることはありますか？

> A：教師が驚くこと。

　かつて、向山洋一氏から「教師は驚くことが仕事だ」と教わりました。指示をした動きができている子供を見たら、素直に「すごいな。上手だな」と思います。それを口に出して、驚いたように伝えるようにしています。さらに、子供は「先生、見て見て！」と挑戦していきます。そのようなサイクルを生み出していくと、全体が巻き込まれていきます。いわゆる熱中場面に変容します。そして、大切な点は、ほめることもセットですることです。

> Q5：今回、3～5歳児に運動遊びを授業するにあたり、どのような運動を事前に想定していましたか？

> A：運動有用感を高める運動の準備。

　3～4歳は、1人での運動遊びが主です。そして、全身運動を多く行います。その中に、バランスを取る、体を移動させる、遊具を活用するといったパーツを無理なく入れます。
　4～5歳は、用具の操作が主です。走・跳・投の動きを意識します。模倣ができるようになるので、大人の動きの真似をさせます。そして、ルールを作って取り組ませたり、友達とやらせてみたりといったパーツを組み合わせます。
　5～6歳は、動きがかなり上手になります。そこで、ゲーム（鬼ごっこ、リレーなど）の中で、組み合わせた動きを体験させます。ボールをつきながら走るといったような動きです。
「自分でやりたい」という思いが強い中、「でも、手助けしてほしい（大人に依存していたい）」という思いも持っている年代です。子供たちには、「この園にいると、いつでも適切な援助が受けられる」という安心感を持ってもらえるように整備することが必要です。

第2章

挑戦力を引き出す教師の導きと子供

1 瞬間の判断力を養う長縄連続跳び
2 ボディ・イメージを育成するマット運動
3 腕支持力を強化する跳び箱運動遊び
4 持久力を鍛える走の運動

す！方で進化するの力

5 飛距離が伸びる投の運動

6 表現力を伸ばす阿波踊り

7 リズム感を育むニャティティソーラン

1 瞬間の判断力を養う 長縄連続跳び

運動系	体つくり
基礎	体の巧みな動きを高める
目標	1分間で100回を跳ぶ
コツ	Oの字。スモールステップ

新学習指導要領への対応ポイント

① **知識及び技能**：長縄跳びは、体つくり運動系に位置づけられる。今回の改定で重点項目の1つとされている「体の巧みな動きを高める」運動に適している。瞬時の判断や身のこなしが身につく。

② **思考力、判断力、表現力等**：長縄跳びは、跳ぶためにはどうすればいいかという考え方を働かせる。そして各自が課題を見つけ、その解決に向けて思考し、判断する。「こんなふうに跳んだらいいよ」「入るタイミングはここだよ」といった他者に伝える力を養うことができる。

③ **学びに向かう力、人間性等**：長縄跳びを通して、楽しく明るい生活を営む態度が養われる。体育は学級経営に直結する。

授業の流れ

「指導言」全文　　　　　　　　　授業者による解説

1 跳ぶ前の説明

長縄跳びをします。1度、回してみます。このぐらい。（回す速さを確認させる。）

このぐらいでいきます。

縄の入り口側を教師が回す。縄を回すスピードを示すことで、跳ぶイメージを持たせることが安心感につながる。

☞ 縄を回すスピードは1秒に1回。1分で50回くらい回すスピードで行う。

☞ 8の字跳びではなく、Oの字跳び（一重の円）で行う。

2　1分程度の試し跳び

　入って跳んでみて。オー。いいね。そうそう。はい。できるねー。自分のタイミングで入ります。あら。みんなすごいねー。はい、できるねー。すごいねー。連続で跳べるんだね。おーし。すごいね。あらら。上手。すごいねー。みんな慌てないでね。おしい。(ドンマイ)いいね。ドンマイがかかるといいですね。はい。ストップ。はい、座って。

> 緊張して跳んでいる子、得意げに跳んでいる子など様々である。

☞ 教師は縄を回しながら個別に声をかける。声をかけられると、特に緊張している子供の顔が晴れてくる。

☞ このことで「みんなでチャレンジする」という雰囲気が作られる。

3　趣意説明

　長縄をやっていくとね、引っかかることが必ずあります。引っかかるときの原因は、その人が原因で引っかかるときもあるけれど、多くは、<u>前の人かその前の人がちょっと遅れたこと</u>にあります。それで引っかかっちゃうことがあるから、みんなはね、<u>引っかかったときにはドンマイって励ましていこう</u>。言ってみましょう。ドンマイ。
(「ドンマイ」)
　明るく言わなくちゃ。ドンマイ。
(「ドンマイ」)
　そういうクラスがいいよね。引っかかった原因については、先生が教えていくからね。次に、<u>目的と目標</u>です。目標は、やっぱり分かりやすいのがいいですね。1分間に100回跳べたら、長縄達成パーティーをやりましょう。
(拍手。)
　100回跳んで、みんなはどうなりたい?
(「団結したい!」)
　よし、目的は、クラスの団結力を高めることにしよう。

> トラブルへの未然防止。必ず縄に引っ掛かる子がいる。その子への文句などが出ないようにすることが必要である。

☞ 「ドンマイ」という具体的な声かけ方法を教えることで、安心して取り組むことができる。

☞ 目的と目標の違いである。目的は、長縄を通してクラスの団結を図る、クラスの運動レベルを引き上げるといったことになる。目標は、パーティーを開く、縄跳び大会で優勝するといったことになる。目的なしに目標のみとなると、回数ばかりを求める取り組みになりがちだ。特に教師が目的を忘れることなく、取り組むことが重要である。

4　縄に入るタイミング（2回空回し）

　では、練習を始めます。
　まずは、入るタイミングを覚えます。この縄がね、目の前を過ぎたら縄に入ります。縄が過ぎたら入る。跳ばないで入るだけです。空回りをしますからね。こうやって、みんなで「過ぎたら」「入る」「シュッ」と言います。言ってみましょう。縄を見て。「過ぎたら」「入る」「シュッ」。そうです。
　では、入ります。先頭さんから、どうぞ。過ぎたら、入る、シュッ。そう！　過ぎたら入る、シュッ。過ぎたら入る、シュッ。そうです。
（最後の1人がとんだところで）うまいねー。すごいねー。とっても上手です。

> 縄に入るタイミングが長縄跳びの難関ポイントである。これを6段階に分けて指導する（2→1→0の法則）。

- ①2回空回しくぐり抜け：1回目空回し「過ぎたら」→2回目空回し「入る」→縄を跳ばずにくぐり抜ける「シュッ」。
- ②2回空回し跳ぶ：1回目空回し「過ぎたら」→2回目空回し「入る」→縄を跳ぶ「ぴょん」。
- ③1回空回しくぐり抜け：1回目空回し「過ぎたら」→縄を跳ばずにくぐり抜ける「シュッ」。
- ④1回空回し跳ぶ：1回目空回し「過ぎたら」→縄を跳ぶ「ぴょん」。
- ⑤連続でくぐり抜け：縄を跳ばずにくぐり抜ける「シュッ」。
- ⑥連続で跳ぶ：縄を跳ぶ「ぴょん」。
- このようにスモールステップを踏むことで練習ポイントが明確になり、誰でも跳べるようになっていく。教師は焦らずに、ほめて自信をつけさせていくことが大切である。

5　跳ぶ入口に3人が並ぶ

　次は、跳ぶ入り口にカラーコーンを3つ置きます。1本目は赤。信号の赤と同じで、もうそろそろ跳ぶよという合図になるよ。2本目は黄色、次に跳ぶから注意、集中してね。3本目は青、縄に入るよ、ゴーです。入り口にある3本のコーン前に、いつも3人いるようにしてね。いつも青の前。黄色の前。赤の前にいるようにします。

> 縄に入るタイミングを覚えても、縄に入る位置が縄より遠いと引っ掛かってしまう。もしくは、自分がギリギリに跳んでしまい、次の人が縄に入るタイミングが遅れて引っかかってしまう。

- これを防ぐために、1年生でもイメージしやすい信号色のカラーコーンを置く。これで立ち位置が明確になる。

1 瞬間の判断力を養う長縄連続跳び

6 跳んだ後、前の人につながる

　跳んだ後です。集中していないと、前の人と離れてしまいます。離れると縄に入るために遅れてしまいます。そこで、右手を前の人の右肩の上に載せます。跳び終えたら、前の人に右手を載せるんだよ。そうすると遅れないから。カラーコーンの入り口に来たら、手は離します。

> 長縄は跳んでいる時間より並んでいる時間の方が長い。そのため、跳んでいない時間帯に集中力が途切れがちである。お話をしたり、違うところを見ていたりしていることが多い。そのような行為を防止し、全員が縄に集中するための手段である。

☞ 右手を置くことで、顔や視線は外側ではなく内側（左向き）になる。
☞ 常に回っている縄を見ている状態を生み出すことができる。

7 縄に入るタイミング（1回空回し）と跳んだ後の縄の抜け方

　次は「過ぎたら入る」の「入る」を省略するよ。過ぎたらぴょん。過ぎたらぴょん。上手だね。過ぎたらぴょん。はい。そうです。はい。過ぎたらぴょん。すごいねー。縄っていうのは、まっすぐだからね。この縄に、できるだけ並ぶように（平行に）、まっすぐに跳ぶと引っかかりません。

　そして縄を抜けるとき、回し手のA君と見学のB君（いない場合はカラーコーンで代用）の間を抜けます。怖いよーと言って、こちら（90度に右へ）に抜ける人がいます。そうすると、回ってくる縄にぶっかってしまいます。通り道って大事ですよ。

> 一事に一時の指導原則である。

☞ 一度跳んだら、次の指示を入れる。
☞ 次は、跳ぶ方向である。入り口回し手と出口回し手の横を通って跳ぶことが、縄の引っ掛かり率を下げる。
☞ 特に出口での縄の抜け方が雑になりがちである。そのために分かりやすい目標物が必要となる。それがB君であり、カラーコーンである。

93

8 縄に入るタイミング（空回し無し）

　今度は、「過ぎたら」をなくします。
（ぴょん！）
　そうです。ぴょんぴょんの連続跳びになります。前の人につながるのが大事です、準備。つながってね。ここに必ず人がいる。青黄色、そうです。コーンの前にちゃんといると、連続ぴょんぴょんになります。
　行きます。はい、ぴょんぴょん。大丈夫、大丈夫。ぴょんぴょんぴょん……ひっかかる（ドンマイ）。これで入って、ぴょんぴょん……はい、OKです。

> 連続跳びになって引っ掛かると、自己肯定感を下げる子が出てくる。
>
> ☞ そのときに「ドンマイ」「大丈夫、次がんばればいいよ」「気にしない」といった声かけがあることで、救われる子も多い。

9 縄に入れない子への補助の仕方

　連続跳びになると、前の人が縄に入るタイミングが遅れてしまうことがある。そこで、前の人が跳ぶときに、後ろの人が、縄に入る「ここだ！」という瞬間に、ちょっと背中を押してあげる。ちょっとだよ。これボーンってやったらだめだよ。ケガをしないように、優しくやります。背中をちょっと押してあげる。すると、縄に入るきっかけになって、遅れないようになっていきます。もう1回行きますよ。ぴょんで。はい。ぴょんぴょんぴょん……。声を出してね。うわー、すごい。（拍手）こんなに最短で跳べるなんてないからね。素晴らしい。

> 連続跳びになると、縄に入るタイミングをつかめる子とできない子との個人差が生じる。そこで補助が必要となる。
>
> ☞ 後ろの人が前の人の背中を押す。慣れていくと、押さなくても自分で縄に入れるようになる。それまでの補助である。

1 瞬間の判断力を養う長縄連続跳び

10　縄への入り方への個別評定

　では、上手になっているか、先生が個別評定をします。縄に入るときに、先生が背中を(左手で)押します。みんなが背中を押されているのと同じように。そのときに、押されている時間が長い人は、自分で入れていないことになります。先生の手が触らないくらいで入れていると、自分のタイミングで入れているという証拠です。どのくらい触れられていないかな。それを感じてやってみましょう。

　では、やってみます。ぴょんですよ。はい、ぴょんぴょん……。オー、触れていない。オー、すごいね。ほとんど触れられていないね。

「タイミングよく、自分は縄に入れているのか」を明確にする。

☞ 個別評定を行うことで明確になる。

☞ ただし、この個別評定の手法は、教師の技能が必要である。右手で縄を回しながら、左手で補助をするのである。「習うより慣れろ」というように、やることで上達していく。

11　縄を回すスピードを上げる

　みんなの跳び方が上手になっていますから、さらにちょっとずつスピードが上がっていきます。といっても、やることは同じです。前の人につながって、過ぎたら入るです。はい、用意して。行きます。ぴょんぴょん……。もう1周行きますよ。声出して。ぴょんぴょん……。すごいなー。

声を出すことで、主体的に動くことにつながる。

☞ ぴょん、ぴょんという声が大きくなっていくことで団結力の高まりを感じていく。これが上達の鍵となる。

ぴょんぴょん……。上手。いいクラスというのは、このように集中してやっていきます。誰もが、縄に集中していくという状態が生まれると、クラスが良くなります。

12　1分間の記録計測

　さて、じゃあ上手になったので、記録を計ってみましょう。今のみんなの実力がどのくらいか。
　1分間でどのくらい跳べるかをやってみます。緊張しないでね。並んでください。みんなはぴょんぴょんって言ってね。では、跳びます。ぴょんぴょん……。しっかり、つながってね。ぴょんぴょん。
　すごい。
（「ドンマイ」）
　時間です。何回ですか？
（「62回です」）
　オー。
（拍手。）
　最初とは思えない記録です。これでミスがなくなっていくと、どんどん回数が上がっていきます。目標の100回はね、みんなだったら絶対越えられるくらい上手です。これからも練習していきましょう。

> 記録を計測すること、数値化することで実力が明確になる。

☞ 教室に「現在の最高記録」といった掲示をすることで、モチベーションを維持できる。

授業への講師コメント(1)
～伴 一孝氏

長縄指導日本一。これこそ TOSS 向山型体育だ。

授業への講師コメント(2)
～木村重夫氏

スモールステップで、子供に優しい指導。1年生の子供の状態を出発点に、小学校1年生の子が跳べるためにはどうしたらよいかを創意工夫している。これがまさに、教師の指導法の工夫だ。

Q1：縄に引っ掛かることを恐れて消極的になる子や、失敗を責める子がいます。どう指導したらよいですか？

A：引っ掛かることは当たり前。

まず、そのことをきっぱりと伝えます。例えば、次のように子供たちに語ります。
「長縄というのは、失敗することがたくさんあります。そのときには、その人が引っかかってしまう場合もありますが、その前の人、その前の人が遅れてしまい、たまたまその人が引っかかってしまう場合もあります。だから、責めたりしてはしません。みなさんは、励ます役です。励ますときには、何と言いますか？（ドンマイ。）そう、ドンマイ。みんなで言ってみましょう。ドンマイ。（ドンマイ。）ポジティブに、明るく言うんですよ。ドンマイ。（ドンマイ。）そうそう、そういうふうに声をかけてあげてね」。

Q2：長縄跳びは，1年中取り組んでいるのですか？

A：毎年3週間程度の期間限定。

1月、2月に行うことが多いです。1年間の集大成という位置づけで、子供たちの体力や団結力の

向上を図るといった点から、そのようにしています。また、1回あたりの指導時間は20分程度です。

Q3：縄を出るときに、右横に逃げるように出て引っ掛かる子がいます。どう指導したらよいですか？

A：良い跳び方は、縄とほとんど一直線で抜けること。

　最短距離がいいということを、カラーコーンや見学者に立ってもらうことで教えます。さらに、支援員やTTの先生がいれば出口付近に位置してもらい、「○○ちゃん、こっちだよ」と言ってもらいます。「こっちだよ！」「ここだよ！」と教えてあげると、まっすぐ通りぬけられるようになります。

Q4：回し手への指導はありますか？

A：入り口の回し手が重要。

　跳び手を受け入れるように、半身になって回します。跳んでいる子の足元を見ていると、引っ掛かりそうになったら縄を回すタイミングをずらして救うこともできるようになります。

Q5：どうしても縄に入ることを怖がる子にはどうしたらよいですか？

A：10人とか20人で一斉に跳ぶような長い縄を使う。

　大きく弧を描くように回すことで滞空時間が生まれ、慌てないで縄に入りやすくなります。入ることができたら、徐々に縄を短くしていけばよいのです。また、それでも怖がるようならば、先生がその子と手をつないで一緒に縄に入り、跳んであげます。入って跳ぶことを体感することで、入り方を学ぶことができます。

Q6：縄に入って跳ぶ場所について指導していますか？

A：真ん中で跳ぶのが1番跳びやすい。

　なぜなら、縄は楕円を描いているからです。手前や奥は円が小さいので引っ掛かりやすい。体育館ならばテープ線（線と線がクロスしているところ）。こういうバッテンのところを使います。「ここで跳ぶんだよ」と指導します。外ならば、石灰で×と書くとよいでしょう。

1瞬間の判断力を養う長縄連続跳び

Q7：跳ぶときに力んで跳び上がりすぎる子がいて、縄に引っ掛かります。どう指導したらよいですか？

A：「縄がちょっとここにあるなぁ」というように軽く跳ぶこと。

　縄というのは数センチしか厚みがありません。なのに、高く跳んでいる人がいますね。それは無駄です。無駄な動きをすると、長縄はひっかかりやすくなってしまいます。「高い」「OK」「高すぎる」といった個別評定をすることも、ときには必要でしょう。

Q8：どんな縄を使用していますか？　また、縄の長さはどのくらいが良いですか？

A：ダブルタッチ用シングルロープという2本組の1本。

　これは軽くて回しやすいです。縄の長さですが、背が高い子が無理してかがんで跳んでいるならば、それは縄が短いということになります。長い縄で初めは跳んでいき、慣れてきたら短くしていくという考えも必要です。縄の回っている滞空時間が長い方が入りやすいわけですから。

Q9：並び方はどのようにしていますか？　途中で引っ掛かる子がバラバラといて記録が伸びません。

A：背の順が基本。

　どうしても苦手な子がいる場合は、列の後ろに移動させてまとめます。まとめた子たちの先頭のところで縄の回すスピードを落としてあげます。これをギアチェンジと名づけています。縄は引っかからない方がいいのですから、デコボコするなら、まとめます。苦手な子たち群が過ぎたら、また縄のスピードを元に戻します。そうしていくと、後ろの子たちにもプライドがありますから前の子たちと同じスピードで跳びたくなってきます。それで自主練習が始まっていくこともあります。

Q10：縄の速さはどのくらいで回せばよいのか、目安がありますか？

A：無理なくできる速さは1秒で1回。

　これを先に示した6段階のレベルに達するまで続けることが重要です。上達すると、直ぐに縄を速く回したくなることが非常に多いのですが、その行為は習熟を遅らせます。

Q11：1分間の回数の目安はありますか？

A：初期は50〜60回、中期〜後期で80回。

　心地よく跳べる回数は80回だと考えています。1分間で100回を跳ぶためには、もう1つレベルアップの指導が必要です。個別の練習やリスタートの練習などです。

Q12：片足跳びがよいですか、両足跳びがよいですか？

A：無理のない姿勢で気持ちよく跳べればよい。

　昔はこだわっていましたが、今はどちらでもよいと考えています。ただし、1分間100回を超える縄のスピードになると、自然に両足では縄を抜けられなくなるので、片足跳びのマスターが必要になります。

Q13：跳ぶときの声かけですが、「過ぎたら入る、ぴょん」はとても跳びやすいです。どのようにして思いついたのですか？

A：跳び方を言語化することがポイントだった。

　1年生を担任したときです。これまで、子供には跳んでいるときに「はい、はい、はい……」と声を出させていました。これは、リズム感が取れて心地よく跳ぶことができて効果的でした。しかし、この導入のタイミングを間違うと、声ばかりが先行してしまい、実際に跳ぶ行為とのリズムのずれが生じたのです。ゆっくりと跳ぶ習熟の段階においては、「はい、はい……」は効果的でなかったのです。そこで思案した結果、跳び方を言語化することにしました。「過ぎたら、入る、ぴょん」です。これは2回、縄を見送るときに縄のスピードとマッチングしていて効果的でした。「過ぎたら（1回見送り）、入る（2回見送り）、ぴょん（跳ぶ）」。「過・ぎ・た・ら」という4文字分が、縄のゆったり感を生み出します。過ぎたら入るという行為に直結するので、動きと声が連動して跳べるようになりました。

Q14：子供たちが長縄連続跳びをしている様子を見たいです。

A：1年生、2年生、6年生の映像をダイジェスト版でご紹介します。

　次ページのQRコードから動画をご覧いただくことができます。
　1年生は、「過ぎたら、入る、ぴょん」のステップの様子をご覧ください。15分ほどの時間で、子

1 瞬間の判断力を養う長縄連続跳び

供たちはこのステップに習熟していきました。また、回し手とコーンの間を抜けるという通り道についても参考になるでしょう。

さらに、回し手は筆者ですが、子供たちが縄に引っかかりそうになると、回すスピードを緩めて跳ばせている様子が見られます。この1年生は、1分間で85回に到達しました。

2年生の動画は、校内長縄跳び大会の様子です。1人、自閉症のお子さんがいます。跳躍ができません。でも、一緒に参加させたいということで、通り抜ける練習をしてできるようになりました。大会では、通り抜けは回数にカウントされません。それでもクラス全員でチャレンジするのが大切だということに子供たちも賛同し、このような内容になりました。

あの速い縄を相当緊張しながらも見事に通り抜けています。今でも映像を見返すと涙が出そうになります。手前の回し手は筆者ですが、左手で子供の背中を押す補助と右手で縄を回す技術に注目してください。大会は3分間で280回でした。

6年生は、桑原学級3代目にして最高記録を叩き出したクラスです。1分間で132回、3分間で410回でした。このレベルになると、余計なことをせずともよりシンプルな動きになります。団結力を発揮した子供たちの取り組みに拍手です。

Q15：桑原学級の最高記録を教えてください。

A：6年生ですが、3分間で410回です。

1分間の最高記録ですと、1年生は85回。2年生が93回。3年生以上では、どの学年も100回以上です。6年生は132回。3分間なら300回、400回を超えるときもあります。

ただし、回数は目標であって、目的はクラスの団結力を高めることです。捉え違いをしないことが大切です。回数を目的化すると、無理が生じるからです。

2 ボディ・イメージを育成するマット運動

運動系	：器械運動
基礎	：体の基本的な動かし方を知る
目標	：自己の能力に応じた技を身につける
コツ	：ゆりかごの習得。スモールステップ。個別評定

新学習指導要領への対応ポイント

① **知識及び技能**：マット運動は、器械運動に位置付けられる。回転したり、支持したり、逆位になったりすることなど、日常の動きでは体験できない感覚を養う運動であり、これらの運動を通して、基本的な体の使い方を身につけることができる。

② **思考力、判断力、表現力等**：マット運動は、様々な回転系や巧技系の技が存在する。自己の能力に応じた技について、それらを組み合わせたり、練習方法を工夫したりする。自己の課題に応じた活動を通して、自己の課題解決の力を養うことができる。

③ **学びに向かう力、人間性等**：マット運動の中で、友達と動きを見合ったり、意見を伝え合ったりすることで、協力することや、きまりを守る大切さを知ることができる。

授業の流れ

「指導言」全文 / 授業者による解説

1 マットの準備

4人で1枚ずつ運んでください。どうぞ。バラバラでいいです。4人で1枚ずつです。
（参加者、マットの準備を始める。）

四つ角を持って、トランプの神経衰弱のように、適当に置いてください。ポンと置いていいです。耳だけマットの下に入れて。
（バラバラにマットが配置される。）

> マットの安全な運び方をきちんと教える。
> ☞ マットを持ち上げて安全に運ばせる。
> ☞ マットの耳を入れる。
> ☞ マットを置く位置を隣のマットと適度に離して置くよう考えさせる。

たくさんのマットがあります。並べ方は、2種類です。

このようにバラバラに置くことで、たくさんの運動量を確保する。つまり「全部のマットをやってらっしゃい」という指示につながるように置く場合があります。

目的に応じてマットの置き方を変える。
☞ 習熟を図るための運動量の確保。
☞ 友達の演技を見る発表スタイル。
☞ 習熟のために子供たちに置き方を工夫させる。

また、順番通りやらせたい、先生が見て取るという場面、テスト系や発表系では、きちんと並べた方が良いです。目的に応じて、どちらでやった方が授業に合っているかを考えて、マットの置き方を考えます。

どんなときにもそろえるのではなくて、バラバラにすることで、魅力的な場づくりとなり、わくわくすることもあります。意図的に変えることが大事です。

2　準備運動

マットですので、必ず指をしっかり開き、パーをつくります。パー。
（手をパーの形にする。）
指先を広げることです。それをしないと、突き指をしたり、他の個所を怪我したりすることにつながります。体重を支えるために、必ず指先でパッと捕まえて広げる、手の平で着手することが大事です。

最初は準備運動みたいな形です。導入時によく行う動きは、動物歩きです。Aさん、犬歩きです。犬は両手両足で歩く。膝を着く犬はいないですよ。歩いてください。犬です。
（Aさんが手本でマットの上を犬の動物歩き。）
ゆっくりな動きの犬だね。「犬」って言ったら、そんなふうにして、いろんなマットでやっていきます。では、どうぞ、犬。
（参加者、様々に置いてあるマットの上を犬の動物歩きをする。）
進行方向を決めておくと、ケガの防止になります。マッ

事前に両手で体重を支えることの重要性を伝える。
☞ マットに手を着くときには指先を広げる。

導入で、両手で体重を支えることを体験する。比較的イメージしやすい動物の模倣で、マットを通過していく。
①犬（両手、両足の4本で歩く）
②馬（お尻を上げることで、肘や膝が伸びる）
③ウサギ（膝を曲げた着地によって自分の体重を吸収する）
④カエル（両手の突き放し。開脚跳びにつながる動きの体験）
⑤ワニ（肘だけを使って自分の身体を運ぶ）
⑥アザラシ（手の平だけついて自分の身体を運ぶ）

トにマークがあったら、マークのある側から入るといった「決め事（ルール）」をしておくといいです。

　犬の次は馬です。お尻を上げて馬。
（参加者、マットの上を馬の動物歩き。）

　パッカパッカ、パッカパッカ。必ず両手をマットに着くことです。両手を着く。ストップ。そこで、そのまま。

　次。ウサギ。ウサギは耳をつけて、ぴょん、ぴょん、ぴょん。
（教師によるウサギの動きの手本。）

　両足でぴょんぴょんと跳びます。どうぞ。ぴょんぴょんぴょん、ふわっと軽くね。
（参加者、マットの上をウサギの動き。）

　重いウサギはだめです。軽く。

　次は、カエル。
（教師によるカエルの動きの手本。）

　両手を着いて。両手を着いてから両足を着く、これで前に進みます。ポン、ポンと。手、足の順です。
（教師が再度マットの方を向いて、カエルの動きの手本。）

　手、足。手、足。
（参加者、マットの上をカエルの動き。）

　手、足。手、足。いいですね。上手、○○さん、気をつけてね、勢いがよすぎると、前に転んでしまうから。手、足。手、足。これは難しく、何回もやらないとできません。腕支持をするので、体重を支える経験が少ない子には大変です。

　できる子には、ゆっくりカエルをさせた方がいいです。腕支持の時間が長い方が腕支持力がアップするので、ゆっくりカエルとか、お尻を高くするカエルとかをさせるとよいです。

　次はワニです。ほふく前進です。うつ伏せになって、ひじを交互に顔より前に出していく。ひじ、ひじ、ひじです。
（教師がワニの動きの手本。）

　どうぞ。
（参加者、マットの上をワニの動き。）

　できる人は、ひじで自分の体を引き寄せる。柔道の準備運動でも取り入れる動きです。ひじ、ひじ、ひじ。

⑦ミノムシ（回転感覚を養う）

以上の動きを、回数や速度、向きなどの変化をさせながら展開する。

他には「クモ歩き」がある。おへそを天井に突き上げて両手両足で歩く。手から進むとき、足から進むときと、バージョンの変化ができる。開脚や伸膝の前転・後転につながる動きの体験となる。

犬

馬

ウサギ

カエル

2 ボディ・イメージを育成するマット運動

次はアザラシ。アザラシは肘を伸ばします。
（教師がアザラシの動きの手本。）

肘を伸ばして、手の平だけでやってください、足を使わない。どうぞ。
（参加者、マットの上をアザラシの動き。）

ひじを伸ばしてやります。

次はミノムシです。ミノムシは、こうなって。
（教師がミノムシの動きの手本。）

手足を真っ直ぐに伸ばして、横にくるくる、くるくる回ります。どうぞ。
（参加者、マットの上をミノムシの動き。）

ひじを伸ばすことが大事です。いいですよ、ゆっくりでね。右回りができたら反対の左回りです。反対を必ずやる。

その場に座ってください。マットの上でいいです。ここまでの動きを連続でやっていきます。

低学年では、マットにみんなで寝ころび、一斉にミノムシをします。すると、ベルトコンベアのように回っていきます。その上を1人がウルトラマンのポーズになって、人運びをする、というような応用ができます。

あとは2人組になり、ミノムシで向こう側とこっち側とで手をつないで、「せーの」で一緒に回っていく。動きを合わせなきゃいけないので、結構難しいです。協調運動です。

このように、1つの動きを連続して変形させます。変化のある繰り返しをすると、面白くなります。こんな感じでマットに慣れさせた後に、メインの運動に入っていきます。

ワニ

アザラシ

ミノムシ

3 ゆりかご運動

前転や後転などの動きで必ず行う運動は、「ゆりかご」です。

Bさん、やってください。くるんと背中をついてゆらゆらと動きます。
（Bさんが手本の動きを示す。）

これは本当に揺れているだけなので、お尻を上げて膝を抱える。最初の姿勢が、この姿勢。この姿勢に戻っ

> 「ゆりかご」をしっかり習熟させる。できるようになる「ゆりかごの3ステップ」。
>
> ステップ1：膝を抱えたゆりかご（だるまさんの恰好）
>
> ステップ2：両手を伸ばして床に着け、戻るときの反動を大きくする。

てきます。揺れて、戻る。
（掛け声に合わせてゆりかごの動き。）

　お尻を上げて行う「ゆりかご」です。やってみましょう。
（参加者がマットの上でゆりかご。）

　2人で横並びになって、どうぞ。揺れる。マットに「お尻、腰、背中の順で」ゆっくりと着けていく。滑らかに着けていく。コテンといかないように。滑らかな動きは、体の硬い子には結構難しいですから、無理をさせないでください。

　ストップ。これでは立ち上がれない子（お尻を上げた最初の形）が多いので、立ち上がれるようにしていきます。そのために、回転の動きを大きくします。B君、最初の姿勢から倒れたときに、両手の甲を床に伸ばして着けます。床に着けてから戻ってきます。どうぞ。
（Bさんが掛け声に合わせて起き上がる動き。）

　両手を着けて戻ってきます。すると、加速がつくので、スッとお尻が上がります。やってみましょう。
（参加者、マットの上で起き上がる動き。）

　戻ってくる。さっきよりも立ち上がりやすいはずです。
　そうですね、いいでしょう、OK！
　さらに動きを大きくするには、マットに、どこを着けたらいいですか。
（「足です」）

　そう、足です。今度はつま先も着けます。頭の上を通って、両手と両足のつま先も床に着けます。やってみてください。
（掛け声に合わせて起き上がる動き。）

　ぐーっと両手両足を伸ばしていって着ける。つま先をマットに着けます。つま先を着けると、今度は立ち上がることができますから、どうぞ。
（参加者、マットの上で起き上がる動き。）

　できる人は立ちます。スッと立ちます。立てるはずです。オー、綺麗だね。○○さん、動きが滑らかです。できなくても、やり続けることが大事です。

　ここまでやったら、先生マットでテストをします。合格

ステップ3：両手に加えて、両足のつま先を自分の顔の前を通過させて床に着ける。両手両足が一緒に戻るときに、反動をつけて立ち上がる。

☞ お尻→腰→背中→首→後頭部の流れで、ゆりかごを滑らかにさせる。

ステップ1

ステップ2

ステップ3

2 ボディ・イメージを育成するマット運動

か不合格かを見ます。

体育で大事なのは個別評定をしてあげることです。できているかできないか、教師は見取ってあげる。できることやできないことについて、子供たちが自分で気づく場合と、教師の指導で気づく場合の両方がありますが、いずれにしても教師が必ずチェックすることが大事です。

私は個別評定で合格した後に、2人組にして「2人でゆりかご」をさせていました。今度は2人でゆりかごをやります。お隣さんと、組んでください。
（参加者のペアをお手本の動きにする。）

向かい合って、横向き。おしりを上げて、最初の姿勢。そして、「せーの」で2人が立ち上がります。戻ってきて手も足も後ろに大きく。
（「足を着けるんですか？」）

足を着けてください。立ち上がるところまでです。どうぞ。
（参加者、ペアが立ち上がりのところまで動きを見せる。）

ぐーっと後ろに足を向けて、スッと立つ。オーっ。すごいです。合格です。
（参加者も拍手。）

というふうにして、2人でできるようになったら、2人で挑戦。できたら次に4人、8人。私はクラスの半分、16人ぐらいでやりました。1列ズラーッと。それだけで面白いです。要するに、タイミングが必要だから。呼吸を合わせようとすると、今度は人の動きに合わせるシンクロ的な運動になっていきます。調整力です。せっかくですから、2人組でやってみてください。できた人も、もう1回どうぞ。
（参加者、ペアで立ち上がる練習。）

次の時間には、発表会をしてもよいでしょう。4人ぐらいの班にして、「この班からやってみましょう」とやると、1人ではできない子も手を引っ張られて、できるようになります。成功体験につながります。

このゆりかごができると、背中の着き方が分かりますから、前転、後転の動きにつながっていきます。後ろに足を着いた段階で、後転ができるようになります。ゆりかごさえ綺麗にできれば、後転は簡単にできます。

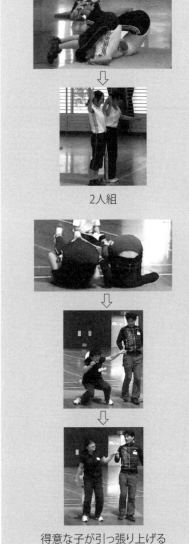

「1人技から2人技のゆりかごへ変化させる（他者理解と自己調整）。横向きに並び、お互いの内側の手をつなぐ。その状態から沈み込んで「ゆりかご」をする。タイミングを合わせると、2人で一緒に立ち上がることができる。これは後の集団演技にもつながる。そして、ゆりかごが綺麗にできるようになると、後転もできるようになる。

☞ 2人ゆりかごができる。
☞ 4人ゆりかごができる。
☞ 8人ゆりかごができる。

2人組

得意な子が引っ張り上げる

4 前転運動

　後転よりかえって難しいのが前転です。体が丸くならず、コテンとなってしまう。A君、ちょっとやってみて。前転というと、頭からマットに着けることがあります。悪い手本を見せて。
（A君が悪い手本の前転をする。）

　ベタっといっちゃう。頭から着けると、背中がパターンとなって失敗するので、ゆりかごで起きる体験をしていかないと、体が丸まりません。

　A君、今度は上手な手本。
（A君が良い手本の前転をする。）

　上手ですね。今、分かったように、前転を上手に行うには、首です。首を着けるイメージ。絶対に頭は着けません。そのためには、「どこを見るか」ということを教えます。「頭は着けませんよ」と言っても伝わらないことが多いので、<u>「おへそを見ながら回ります」と伝えます。教師の指示によって、子供は動きのイメージを構築します。</u>おへそを見ることにより、必ず首が着くようになります。だから、「おへそを見ながら回るのですよ」と言っています。それでは、やってみましょう。
（参加者が前転の練習。）

　ぜひ、2人組になっている人同士で、互いを見てあげてください。「おへそをしっかりと見ていますね！　動きが上手ですよ。」とか。子供たち同士も関わった方がいいです。声をかけることが大切です。
（互いに見て、声かけをし合う。）

　この後、練習をさせたら、何をするのでしたか？
（「個別評定」）

　そうです。先生マットのところに来て、自信がついた人には「テストをします」と言って、先生マットでさせます。<u>先生マットでテストをするときのポイントの1つとして、「前転をした後、その場所から横の方向にマットを降りたらだめだよ」</u>ということも教えます。降りた時点で不合格。演技なので、スタートから必ずゴールまで、マットをまっす

前転の指導。以下のような指示を選択して練習させる。子供たち自身が気づいたり助言しあったりする場を設けてもよい。

①おへそを見ながら回ります。
②頭のてっぺんを着けないで回ります。
③あごにタオルなどを挟んだまま前転します。

できているかどうかをはっきりさせる。

☞ 個別評定（先生が合格・不合格と判定する）をする。きっぱりと判定することが大切である。曖昧だと動きもよくならない。また、個別評定をしているときに気をつけることは、全体へも視野を配ることも怠らないことだ。教師が個別評定に集中しすぎていると、他の子たちの様子が見えなくなる。「1人個別評定をしたら、全体に視野を向ける」といったルーティンを心がけると、安全が確保でき、取り組み態度などに気づくこともできる。

この場面ではICTを活用することも可能だ。

☞ 端末で撮影しあい、自分の動きをメタ認知する。動画で「ここ！」というポイントを見ることができる。同じ撮影動画を見ることで友達と動きを共有し、見る目を養うことにもつながる。

頭から着ける悪い見本

2 ボディ・イメージを育成するマット運動

ぐ進んで降ります。かつて向山洋一先生に教わりました。これが身につかないと、隣のマットで取り組んでいる子とぶつかりかねません。怪我につながりますので、必ずまっすぐ通るというルールを伝えます。

　前転で個別評定を受けたい人だけ来てください。先生マットで個別評定のテストを行い、テストをしない人は自分のマットで練習しているというイメージです。
（テストを受ける子役が、教師のマットに来て、前転。）

　合格です。合格したら、他のマットに次々と移動して練習します。オー、上手、合格です。

　こうやって、先生は全体が見えるところに立って、自分の見える範囲に、子供たちのマットを置かせます。自分の視界の範囲に入らなければ、マットを置く位置を詰めます。体育館全体を視野に入れながら、目の前の先生マットで個別評定をします。

　個別評定に集中すると、子供たちの練習マットに目が届かず、大騒ぎになる場合があります。走り回る場合もありますので、全体から眼を離さない。これが前転指導の基本です。

首から着ける良い見本

スタートとゴールの流れ

個別評定しながら全体を見る

5　後転運動

　次は後転です。後転で難しいのは、体を支えるところです。小学校のときに、手の位置はどこと教わりましたか。
（「耳の横」）

　耳の横。他はいますか。
（「首の後ろ」）

　首の後ろ。後転では、首が邪魔になってしまいます。
　横に手をやっても、首が引っかかって回れないので、首に「三角形のおにぎりを作る形」です。首をしっかり支えれば、絶対に回ります。

　できない子は、首で引っかかって戻ってきてしまいます。だから、首に支点を置くことで、回れるようになります。

　では、やってみてください。後転ができる人も、手の

> 後転。以下のような指示を選択して練習させる。子供たち自身が気づいたり助言し合う場を設けても良い。

①首を後ろで支える手の形。
②ゆりかごの延長の動き。
③両手（肘）で顔を挟むイメージ（脇を絞める）

三角形のイメージ

位置を意識して練習。
(教師が参加者を見て回り、個別にアドバイス。)

　ここまで伸びないと、後転はできないよ。手をここまでもってくる。こんな感じです。首が引っかかっている。
(別の参加者のもとへアドバイス。)

　よい感じですね。やってみて、どうですか?
(「三角形をつくった方がやりやすいです」)

　やりやすいですね。やりやすかった人、いますか?
(会場から多数、手が挙がる。)

　後転で大事なのは、手の位置だということです。

手の位置を個別指導

上手な手の位置

6　開脚前転

　次は、開脚です。開脚前転、開脚後転も、基本はゆりかごです。

　ゆりかごで起き上がるときに、足を開きます。A君、ゆりかご。
(A君がお手本になる。)

　ゆりかごで行って戻ってくるときに、足を開く。この運動の練習です。もう1回、戻ってきて、手を離す。これで、完全に前転前転の形です。

　ゆりかごで戻ってくるときに、天井で足を開くということを、子供は怖がります。最初は足を開くだけでいいです。戻ってきて、足を開きます。それができるようになったら、足を開いたときに、手を着けます。こうして、ステップを踏んで取り組みます。

「足を開いて手でマットを押すんですよ」ということを、子供たちが感覚としてつかめるように、しっかりと足の関節を開かせましょう。そうそう。開いて、手を置く。皆さんもやってみましょう。
(参加者が練習を始める。)

　戻ってきて、開く。そして、その手が少しずつ自分の身体の手前に来た方が、立ち上がりやすくなります。足を開くタイミングと、手を着くタイミング。繰り返し練習す

開脚前転。以下のような指示を選択して練習させる。子供たち自身が気づいたり助言しあったりする場を設けてもよい。

①足を開脚するゆりかご。
②個別評定。
③端末で動画を撮影し、自分の動きを見直す。
④状況に応じて、後転の練習に戻る。
⑤踏切版をマットの下に入れて、坂道をつくって回りやすくする。

ステップ1：足を開く

2 ボディ・イメージを育成するマット運動

と、子供たちに伝わりやすいです。

そして、必ず個別評定を入れます。「タイミングが遅いですよ」「手とひじを伸ばした方がよい」など、1人ひとりの改善点を伝えることが大切です。

個別評定をしなければ、子供は自分ができているかどうかが分かりません。分からなければ、伸びはありません。できたつもりにさせたらいけません。個別評定をして、必ず、「こうこうだよ、気をつけよう」と伝えてください。

できた子には、次のステップを示します。

「2回連続でやりますよ」とか「全部のマットでやりますよ」といった指示を出してあげればよいのです。

マット運動は、準備運動の段階でマットに手を着くこと、滑らかに動くことを意識させます。そして、動物の動きから、ゆりかごを使った前転・後転、そして開脚前転などに発展していく、という流れになります。

ステップ2:足を開き手を着く

繰り返しの練習で身につく

授業への講師コメント ～谷 和樹氏

楽しい動きを取り入れながら、スモールステップで組み立てています。馬などの動物歩きの場面ですが、子供はどこを見て動きをしているのでしょうか。その視点を教えると良いですね。視線を意識すると、頭が上がってきます。

Q1:動物歩きなどの準備運動から前転・後転などの主運動まで、どのような時間配分で授業を組み立てていますか?

A:動物歩きは5〜10分というイメージです。

その後に主運動に移ります。目的によっては、複数人数でのミノムシやベルトコンベア遊び、複数人数でのゆりかごを10分程度はさむときもあります。

111

Q2：準備や片付けでふざける子がいたら、どう対応するとよいでしょうか？

A：「危険だから（怪我をするから）やめなさい」と教えます。

　繰り返すようなら毅然と告げます。ときには、準備や片付けでケガをした事例を紹介したりします。怒るよりも、「先生は心配して言っているんだよ」という姿勢を見せることが大切です。

Q3：前転や後転が怖くてできない子には、どのように指導すると良いでしょうか？

A：動物歩きなど簡単で楽しい動きをたくさん経験させます。

　マットをたくさん重ねたり、セーフティマットで怖さを軽減したりする運動を取り入れます。また、逆さになることが怖い場合には、頭を下にする運動経験を日常に取り入れます。雑巾がけがよいです。鉄棒やジャングルジムで頭を下にする動きをすることも大切でしょう。

Q4：クラスに腕支持ができない子が沢山います。日常の中で腕支持の力をつけるとしたら、どんな時間に、どのような取り組みが考えられますか？

A：「クモ歩き」や「カエル倒立」といった動きを準備運動で取り入れると良いです。

　肋木や登り棒、ジャングルジムといった遊具で遊ぶことを奨励します。また、日常の中で腕支持の力を培うようにしていきます。買い物袋を持つようにする、家の布団を干すといったことでよいです。保護者会や学級通信で紹介したこともあります。

Q5：シンクロマットの指導を行う際には、今回教えていただいた指導の他に、どのようなことに気をつけるとよいでしょうか？

A：子供たちができる技で組み立てることが大切です。

　シーンとした雰囲気で集中させて行うやり方と、曲をかけて楽しい雰囲気を醸し出すやり方などがあります。実態に応じて選択するとよいです。兄弟の班をつくって端末で撮影し合うと、お互いの演技に助言がしやすくなります。班ごとに個別評定をして、演技の質を向上させる場合もあります。

2 ボディ・イメージを育成するマット運動

> **コラム**

「空を飛んでいるようだった!」
初めて逆上がりができた

　逆上がりができない1年生の女子児童A子——。「鉄棒くるりんベルト」（教育技術研究所）の鉄棒と体の距離が近い黒線で「回るつもりで回ってみて」と回らせてみたところ、初めはできませんでした。一番低い鉄棒でしたが、それでも彼女のおへそより高かったのです。それが、簡単に回れるはずの黒線でも回れないことにつながっていました。

　そこで、黒線よりも短くベルトを調節し、振り上げ足、振る手の位置を狭くして回らせてみました。すると3回目で足が鉄棒に引っかかったのです。しかし、まだ体は起き上がりません。バタバタと足を動かしているので、「手首をブルンとバイクのアクセルのように動かしてごらん」と実際にその形をやってみせてアドバイスをしたところ、体を起こすことができました。これだけで大喜びです。

　そこから『3回、回ることができたら次の色（線に進む）』というステップで進めました。そして3本目の色線をクリアしたときに、試しにベルトなしでやってみました。

　ベルトなし挑戦の3回目、見事に成功！　人生初の逆上がりです。通常、ベルトなしでは数ヵ月かかることもあるのですが、約1時間の授業で逆上がりができたのです。「鉄棒くるりんベルト」は子供の力を引っ張り出し、できない子をできるようにする素晴らしい指導教材だと感じました。

　A子も「空を飛んでいるようだった！」と喜びの感想をもらしたこの取り組みは、NHK総合『おはよう日本「まちかど情報室」』（平成24年8月6日）で放映されました。

1. ベルトを膝の位置で固定
2. ベルトの外側を握る
3. 上に向かって足を高く早く蹴り上げる
4. 跳ね上げた足の腿を鉄棒に載せる
5. 腿が鉄棒に載る瞬間に腕を引き寄せる
6. できたー!!

3 腕支持力を強化する跳び箱運動遊び

運動系	器械・器具を使っての運動遊び
基礎	様々な場づくりから楽しく遊ぶことができる
目標	跳び箱の特性を生かして習得する動きを耕す
コツ	跳び乗り・台上・跳び下りの楽しいパーツ

新学習指導要領への対応ポイント

① **知識及び技能**：跳び箱を使った運動遊びの行い方を知るとともに、跳び乗りや跳び下り、手を着いてのまたぎ乗りやまたぎ下りをして遊ぶことができるようにする。

② **思考力、判断力、表現力等**：跳び箱を用いた簡単な遊び方を工夫するとともに、考えたことを友達に伝えることができるようにする。

③ **学びに向かう力、人間性等**：跳び箱を使った運動遊びに進んで取り組み、順番やきまりを守って誰とでも仲よく運動をしたり、場や器械・器具の安全に気をつけたりすることができるようにする。

第2章 挑戦力を引き出す！教師の導き方で進化する子供の力

授業の流れ

「指導言」全文　　　授業者による解説

1 準備運動

ゆっくりケンケンパー。さんはい、ケン・ケン・パー。そう、そのスピードでどうぞ。ケン・ケン・パー。ケン・ケン・パー。ケン・ケン・パー。グーに変えますよ。さんはい。ケン・ケン・グー。ケン・ケン・グー。ケン・ケン・グー。ケン・ケン・グー。

OK、そうしたら歩いて。歩いて、グー。はいどうぞ、好きに歩いて。歩いて、グー。何回かやってね。みんな同じところに行っちゃだめだよ、方向を変えてね。歩いて、グー。歩いて、グー。そうです。少し走って。走って、グー。走って、グー。走って、グー。できる人はスピードを上げていってね。走って、グー。走って、グー。走って、グー。上手です。ストップ。

そうしたら今度はね、走ってグーからグーです。走ってグー、グー。どうぞ。走ってグー、グー。上手。走ってグー、

踏み切りの動きにつながる運動。

☞ その場での「ケン・パー」から入ることで易から難のステップとなる。

☞ 「ケン・グー」を入れることで、踏切版上での足の形を練習させることにつながる。その意識を教師が持って指導していることが大切である。

☞ 走ることで「助走からの踏み切り」練習につながる。

114

グー。走ってグー、グー。走ってグー、グー。走ってグー、グー。走ってグー、グー。

グーと両足をそろえることが、けっこう子供にはできません。跳び箱をやるときに最初から足を開いて跳んでしまう子がいますから、グーを作るんだよということを教えていくと、踏み切りが分かってきます。「走ってグーだよ」って、教えましょう。

☞ この動きは、幅跳びの着地にもつながっている。
☞「走ってグー」と言語化すること。

2 跳び箱遊び

では次に、跳び箱遊びに入ります。1段、マットの上に載せてください。みんなで協力して。そしてマットを少し離して。1段だけマットに載せます。マットは離して置きます。

①ルールの確認

低学年の場合は、「必ずマットは4人で持ちます」というルールは絶対に大事です。そうしないと、引きずったりするなど余計なことをして、準備や片づけで怪我をしたり、問題が起きたりしますので、こういうちょっとした場の設定のときのルールを見逃さないことが、低学年では大事です。

1人で引きずっていたら、「そこ、何班はやり直し」とか言わないと徹底されていきません。ここで怪我をすると、もう楽しくなくなってしまうので、低学年のときにはルール作り、場の設定、片づけが大事になってきます。

そして一番早い子に、「早いね、素晴らしいね」とほめれば、どんどん早くなっていきます。

| 安全指導として、マットや跳び箱の運び方は重要な指導事項である。

☞ 校内で「全学年統一したルール」を決めておくことが大切である。
☞「できていなかったらやり直しをさせる」。これは重要である。誰でもできることであるし、怠ると怪我につながることなので、見逃さずに毅然と指導する。

②歩いてグーで降りる

では次は、跳び箱を使ってやっていきます。どの跳び箱でも良いですから、こちら側に並んでください。バラバラでいいですから。男女混ざった方がよいクラスですね。

では、今ので歩いてね。歩いて、グーを作って降りま

| 変化のある繰り返し。

☞ 跳び箱を使った「歩いてグー」。
☞ 怖さを感じる子がいたとしても、導入時の踏み切り練習の経験があるので軽減されている。

す。はい、どうぞ。歩いて、グー、それで、グー。そう。どうぞ、どんどん行きます。グー、作ってグー。歩いて、グー、グー。そうです、はい。1、2年生には、グーとか言うとよいですね。歩いて、グー。そうです、はい。いいです。はいストップ、上手ですね。

　では次。マットに乗るときもグーですよ。歩いて、グー、グー、グー。3回グーです。はいどうぞ。歩いて、グー、グー、グー。おお上手。マットに乗るときもグーです。いいですね。上手。はいストップです。

③遠くへ跳ぶ

　では○○さん、グーグーのときの2回目のグーで、できるだけ遠くに跳んで。やってみて。歩いて、グー、グー、グー、すごい。真似をして、マットより遠くに最後は着地します。はい、どうぞ。グー、グー、グー、おおすごい、スーパー2年生。すごいねえ、ダイナミックだね、みんなね。グー、グー、遠くへ飛んでね。はい。はい、そこまで。とても良いですね。上手。

　小さい子。1年生だったら、このラインに合わせるとよいですね。緑を超えたら合格だよとか、超えたら1級だとかね。そういうふうに、何でもよいです。目安があった方が楽しくなります。「1級取った人？」と評価をしてあげることが見て取ってあげたことになるので、「先生、見てくれるかな」って子供たちはアピールしたい。アピールしたいけれど、40人もいると1人ひとり見る時間が取れませんから、全体で「1級取った人」って救ってあげないと。そうやって短くほめてあげることが大事です。

| ゲーム感覚。 |

☞ 遠くに跳ぶことを競争させることで、より楽しさが増す。
☞ 「スーパー2年生！」の誉め言葉は有効。よく使用している。

④高く跳ぶ

　では次。グーグーのときに遠くに跳びました。今度は高くです。では、○○さん、どうですか。グーのときに高いところで、ここで、パパパパンって手拍子を叩きます。グーグー、2回目のグーのときに、パパパパン。4回。すごい。4回超えられるかな。はい、どうぞ。いっぱい叩きますよ。グーグー、4回行ったらまず合格。オー、すごい。すご

| 高さ感覚を身につける。 |

☞ 高い場所が苦手な子は、跳び乗りも跳び下りもぎこちない動きになりがちである。跳び下りる意識を少なくするために、「手拍子」を入れる。手を叩くことを意識することで、跳び下りる高さにも慣れていく。有名な指導言「AさせたいならBさせよ」の応用である。

いね、皆、完璧だね。オー、すごいすごい。はい、OKです。

では、〇〇さんどうぞ。グーグー。すごいねえ。〇〇さんの動きは、パチパチという手拍子のたくさんの回数を稼ぐために、最後何をしていましたか、皆さん、見ていましたか？　お隣の人と友達と相談して。
(「膝を床に着くまで曲げていました」)

そう、膝を曲げて跳んで、高さを稼いでいた。それが見えた人？　すごい、お友達の動きを見ることもとても大事なことです。では、もう1回やってみましょう。今までの最高記録が出るように。膝を曲げて、そう。上手。オー、すごいねえ。上手ですね。はい、もう1回やって終わりね、上手。柔らかいね。上手いですね。

ということで、怖いことが苦手な子が、手拍子を意識するから跳べるようになっていく仕掛けですね。怖くてできないよっていう子も、手を叩く方に意識を向かせれば、高いところにも慣れてくるというロジックでやっています。

⑤ポーズで跳ぶ

ここまでくると、今度は自由にやりたくなります。子供たちには自由度の部分があることが、絶対大事です。跳ぶときのポーズを考えてやります。例えば、大の字。グーグー。オー、うまいです。とか、他にもいろいろあります。

> 子供の動きを見取り、手本とする。
> ☞「よい動きは子供に手本・悪い動きは教師が見せる」を原則としている。
> ☞ 取り上げられた子供は自己肯定感が上がる。周りの子も、友達ができるならば私もできるはずと意欲が増す。

人によっては回転したりね。いろんなものがあります。いろいろやりましょう。はい、どうぞ。ポーズでやってみてください。いいのは真似していいんだからね。オー、すごいすごい。なるほど、ウルトラマンもある。すごい高い。「シェー」ね。はい、OKです。すごい、上手。

これをやると子供は生き生きしてきますし、満足度が上がっていきます。それで一番いいのは、グループの中の1人を取り上げて、「じゃあみんな、誰々さん式跳び方をやりましょう」とシェアをしていくこと。その方が盛り上がるし、自分では思いつかないこともできます。

⑥場を選択して跳ぶ

初期の段階では、これ1段。あるいは2段、3段と場を設定します。もっと高いところでやりたいんだという子には「3段でやっていいよ」と言い、選択能力をつけさせることも大事です。TOSS向山型体育では、選択できる力が身につきます。算数の難問指導の選択能力と同じです。自分で選択できる組み立ての授業にすることで、子供が伸びるのです。

そういうふうに、一律の場を作って習熟させる場と、自由に自分で能力をアップさせられる、選択できる場の両方を作ることが大事だと思います。

⑦着地の練習

では次に、ジャンプした後の着地の練習でもできるのですが、跳んだ後、着地したときに床を触るようにします。グーグーで床を触ります。はい、どうぞ。床を触る。はい、そうです。そうです、はい。これで着地の練習をしているということです。着地するときには膝を曲げて柔らかく着地をする。できる人は猫のように、音がしないように降ります。

これは相当難しいです。やんちゃ君は適当にバーンとやって喜びを感じますが、優しくやらないと綺麗な動きにはなりませんので、そーっと降りる。あ、ちょっと音したね。ここでAとかBとか評定をつけてやる。Aです。B。

着地した後、顔を上げます。できない子には、「両手

| 自由な動きのパーツ。

☞ 「運動遊び」である以上、遊びの要素が必要不可欠となる。ここぞというタイミングで、自由遊びを入れる。

☞ 自由がないと、やらされているトレーニング感覚に陥りやすい。特に低学年には、「自分がやりたい」という欲求が高い子がいる。解放させる時間が必要である。

☞ 自由遊びの中から、次に取り上げたい・広げたい動きが生まれる場合もある。教師は見て回りながら、そのような動きを取り上げたい。

| 動きのイメージ。

☞ 「猫のように着地する」「忍者のように足音を立てません」といった、動きを例えて紹介する場面は体育では大切である。子供たちが「ああ、猫ね」とイメージできるからである。

☞ 器械運動では、動きを綺麗にしていく美的感覚も必要である。できればよいという技からの脱却である。

3 腕支持力を強化する跳び箱運動遊び

を前に出すんだよ」と教えます。着地したら手を前に。はい。グーグー、手を前。もう少し早く。着いた瞬間に上げる。もう1回。グーグー、瞬間。オー、いいですね、上手。顔を上げないと、前から落っこちます。手を連動させることで、顔が上がります。はい、やってみて、どうぞ。着いてからでいいよ。膝を下から出す。こういうふうに。下からくっと両手を挙げる。そうすると体が前につんのめりません。

これで事故防止ができますし、今日も肋木があると思いますけれども、この運動は高いところから避難するための運動にもなるわけです。避難するときに顔を上げるんだよっていうことは、自己防衛につながるので、怪我をしにくい子にもなっていきます。そういうことをきちんと教えておくことは、命を守るためだよ、危険なときにはちゃんと顔を上げるんだよっていうことを伝えていくことができます。

⑧どーんじゃんけんで向山型跳び箱指導のA式の練習

続いて、跳び箱を3段にしてください。残りの段はこちら側に。

これを連結させます、縦に。真ん中に全部つなげます、5台。連結させます。だいたいこっちに半分。向こうに半分に分けて。跳び箱を使った、どーんじゃんけんです。誰かやってもらっていいですか。グーで、座ります。グーで、跳びます。そうしたら、向山式跳び箱指導のA式と同じ動き、お尻を持ち上げながらすいすいと前に進みます。

そう、持ち上げることが大事ね。ぶつかったらここで、どーん。じゃんけんぽん。あいこでしょ。勝った？　負けた人はそこで降ります。そして次の人が行きます。このようにして、腕支持の練習を遊びで行う。

では、やってみましょう。よーい、ドン。

ラスト。OKです。こういうふうにやっていきます。ここを4段にしてください。こことここ、4段。

今度はでこぼこで続きをやります。よーい、ドン。でこぼこで高さが違いますから、これで余計に腕支持が必要になります。はい、いいですね。そこの段差がね。は

| 事故の防止。

☞ 自分の体を守るという意味でも、体育における安全指導は重要である。
☞ 特に、首から上の怪我は防ぎたい。頭を守る動きを、どの学年においても指導するように心がけている。

| 連結跳び箱の活用。

☞ 跳び箱をつなぐことで、魅力ある場に変化する。
☞ 平均台のように「上を歩かせる」といった動きをさせてもよい。
☞ 腕支持力を高めるために、どーんじゃんけん遊びをする。「AさせたいならBさせよ」である。

い、ここまで。

　全部元に戻してください。この高さでいいですから。このどーんじゃんけんは、腕支持の練習になるのでとても教えやすいです。

⑨足じゃんけんでB式の練習

　次です。この跳び箱をはさんでください。これで足じゃんけんをします。まず、こう。じゃんけんぽん。はい、どうぞ。じゃんけんぽん。あいこです。あいこでしょ。勝ち。これで腕支持の、向山型跳び箱指導のB式の練習になっています。ではどうぞ、やってみてください、どこでもいいですよ。

| ゲーム化する。

☞「足じゃんけん」をすることで、腕支持力を向上させる。子供たちは楽しいので、どんどん取り組む。

☞慣れてきたら、「じゃんけん」と言うスピードをゆっくりにする。「変化のある繰り返し」である。

　はい、ストップ。一番端っこ。これをね、ゆっくりやります。じゃん、けん、ぽん。あい、こで、しょ。あい、こで、しょ。あい、こで、しょ。スピードを変えることで、腕支持の時間が長くなります。長くなることで体力向上につながる。ということで、跳ぶ前の運動にはこういうのがあるよということです。こういうことをたくさんやると、自然に開脚跳びができるようになります。

授業への講師コメント
～向山洋一氏

跳び箱をつなげて行う、どーんじゃんけんの場面、面白かったよ。なるほどと思った。
1年生、2年生では、跳ばせることより、跳び箱を使って様々な運動を体験させる方が大切だ。上を歩く。上を走る。横から越える。上から跳び降りる。跳び降りるとき、手を1回叩く……。このように、次から次へと10も20も変化のある繰り返しを体験させる。こうして運動能力は育てられていく。

3 腕支持力を強化する跳び箱運動遊び

Q1：低学年に跳び箱を運ばせるときのポイントは何ですか？

A：1段は、上下さかさまにして運ばせます。

　上部が重いので、そのままの向きで運んでいると、重さでくるんと跳び箱が上下逆転することがあります。すると、手首を痛めたり、床に落として足を強打したりする事故につながります。
　1段より2段から下を先に運びます。2段以下を置いてから、最短時間で1段を運びます。
　跳び箱を置く場所を教えるために、「お手玉」や「カラーミニマーカー」を、先の床に置いておきます。子供たちには「お手玉が隠れるように跳び箱を置きなさい」と指示するわけです。

Q2：腕支持がどうしてもできない子への対応はどうしたらよいですか？

A：腕支持につながる運動遊びをたくさん経験させます。

　今回取り上げた「どーんじゃんけん」や「足じゃんけん」は、効果があります。他の教具ならば肋木やジャングルジム、鉄棒や登り棒も有効です。グラウンドにタイヤ跳びがあれば、ぜひやらせたいですね。跳び箱よりも簡単です。うさぎ跳びや馬跳び、雑巾掛けリレーも楽しくできます。雑巾がけの姿勢は、腰が上がり、跳び箱を跳び越す姿勢に似ています。

Q3：どんな跳び箱を用意したらよいですか？

A：跳び箱は、4種類用意したいです。

　大きく長いタイプの高学年用跳び箱ばかりが多い学校だと、低学年が大変です。長さが短めの中学年用、全体の大きさが小さめの低学年用を用意したいですね。さらに、幼児用もあります。また、クッション性のある跳び箱もたくさん生産されています。

4 持久力を鍛える走の運動

運動系	: 体つくりの運動遊び
基 礎	: 時間やコースを決めて行う全身運動
目 標	: 無理のない速さで2〜3分程度のかけ足をする
コ ツ	: 折り返し持久走、自己のペースをつかませる

新学習指導要領への対応ポイント

① **知識及び技能**：多様な動きをつくる運動遊びの行い方を知るとともに、体のバランスをとる動き、体を移動させる動き、用具を操作する力試しの動きをして遊ぶことができるようにする。

② **思考力、判断力、表現力等**：多様な動きをつくる遊び方を工夫するとともに、考えたことを友達に伝えることができるようにする。

③ **学びに向かう力、人間性等**：多様な動きをつくる運動遊びに進んで取り組み、きまりを守って誰とでも仲よく運動をしたり、場の安全に気をつけたりすることができるようにする。

授業の流れ

「指導言」全文　　　　　　　　　　　授業者による解説

1 持久走の説明

2年生です。一定の速さで走る運動です。持久走（ペース走）といいます。言ってみましょう。難しいね。簡単に言うと、ずっと同じスピードで走れる力のことです。ダーッとダッシュで走るのではなくて、一定のスピードのまま、同じ速さで走ります。

> 学習指導要領より。
>
> ☞ 持久走の明記は、5・6年生にしかない。1・2年生は、「一定の速さでのかけ足（無理のない速さでのかけ足を2〜3分程度続けること）」と示されている。
>
> ☞ 決してマラソン競技のような競走をすることは目的としていない。
>
> ☞ あくまでも体を移動させる動きを身につけることができるようにすることをねらいとしている。

2　試しの運動（10秒間）

　2人組を作ります。先攻・後攻をそのペアで決めてください。反対側のステージに向かって走ります。先に走る人が前、後の人が後ろ。前後に座ります。

　では、先攻の人、立ちます。隣の人と離れてね。ステージに触って戻ってきます。10秒で戻ってくる場所、つまり、どこからスタートしたら良いかを決めますよ。試しの10秒で走ってみます。先生がタイムを言うからね。1、2、3、4、5、6、7、8、9、10。それで、パートナーのところに戻ってきたらタッチをする。タッチをして、パートナーの後ろを回ります。2周目に向かいます。1周が10秒、1分間やります。1分間ということは6周です。

筆者の新提案～ラインなし・道具なしの折り返しペース走。

☞ これまでのスタートとゴール点を固定していた先行実践を、折り返し地点を固定に変更した。
☞ 折り返し地点をステージにすることで、モノを置く必要がなくなる。
☞ スタートとゴール地点を、ペアの子にする。そのペアの子（カラーコーンの役割）の周りを回ることで、明確に折り返したかを把握できる。回るときに2人がタッチをすることで、さらにはっきりとする。

3　試しの1分間折り返しペース走

　では、このペアにやってもらいます。後攻の人はここに座って。戻ってきたらタッチしてね。先生が「ピーッ」と鳴らしている間にタッチしたら1点です。

　用意、ピッ。
（子役が走り出す。）

　まだ20秒ですからね。パートナーは何か言ってあげた方がいいですね。時間内に着かなくても今のように走り続けます。シャトルランをやったでしょう？　10秒の合図が鳴ってもたどり着かなかった場合でも、走り続けています。

(走り終える。)

上手だね！　何点でした？

(「5点」)

5点?!　すごい！　分かった人？

では、先攻の人。後攻の人とスタート位置を決めて、後攻の人は座ってください。後攻の人は座ったまま、手を伸ばして戻ってきた先攻の人とタッチをしますよ。

では1分間です、ピーッ。

(10秒経過のホイッスルの前に全員後攻の人のところに着いて、折り返してしまった。)

早すぎても駄目ですよ。今の1周目の場合は、全員0点ということです。10秒時の「ピーッ」のときにタッチをしないと1点になりません。手を抜いても駄目だよ。足踏み駄目ですよ。あと30秒、半分あります。

ラストです。学習してきているね、賢い2年生！

(時間になり、終了。)

はい、どうだったか教えてあげて。座ります。聞きますよ。残念、0点？　1点？　2点？　3点？　4点？　オー、5点？　6点満点？　すごいねえ。

では、後攻と交替します。試しの10秒、行きますよ。

| 例を示す。

☞ 初めて取り組む折り返しペース走であるため、例示が必要である。

☞ 例示によってイメージが伝わり、「よし、やってみよう」という意欲づけにつながる。

☞ 10秒という分かりやすい時間であるため、走りやすい。

☞ 後攻の人も、先行の人の走りを間近に見ることにより、走っている最中であっても直接アドバイスができる。

4 持久力を鍛える走の運動

試しの10秒、スタート、ピッ。1、2、3、4、5、6、7、8、9、10。ここでタッチできる位置を決めます。最初の位置とずらしていいからね。いいですか？　そこで。

　では、1分間です。用意、ピッ。

（子役が走り出す。）

　間に合わなくても、折り返す、折り返す。

　ラストです。

（1分間が経過し終了。）

　何点だったかペアの人と確認します。では、聞きます。残念、0点？　1点？　2点？　3点？　4点？　5点？　6点？　満点がいる？　すごい。

では、2回目をやりますから、ペアでどういうところに気をつけるか相談。話し合います。

　では、先攻の人、2回目行きます。これまでのタッチの回数を超えるように走りましょう。用意、ピッ。

（子役が走り出す。）

　うまく調整できるといいですね。

　ラストです。

（時間になり、終了）

　はい、何点だったか確認してね。さっきより上がった人？　いますか？　すごい。では交替して。後攻の人が場所を決めますよ。最初から飛ばし過ぎてしまわないようにね。用意、ピッ。

（子役が走り出す。）

（時間になり、終了。）

　OKです。何点か確認します。さっきより上がった？増えた？　オー、すごいね。

| 調整力の必要性を知る。 |

- ☞ 1回や2回の試しでは、なかなか上手く走ることができないという経験をする。思考する出発点となる。
- ☞ 10秒で行って帰ってくる、程よいスピードを探らなくてはならない。思考が働く。
- ☞ さらに、その10秒を6回持続するための自分の走力を考えて、調整する必要がある。

4 ペアで相談する

　では、よかったところとか、こう直したらいいというところを2人で相談します。「ペースはこうだったね」とか、「走るフォームはどうでしたか」とか。

　では、指名なし発表で言ってみましょう。
（「1回目が間に合わなかったので、1回目が間に合ったら行ける」）

　なるほどね。

（「ピーッと長く鳴っているので、鳴る前になるべく手前にいた方が、鳴っている間にタッチに行ける確率が高くなると思いました」）

　確率って、すごい2年生ですね。
（「タッチを受けるときにある程度幅を持たせて、調節してあげる」）

　優しさだね。

（「はじめは元気があるのでゆっくり目に走って、3回目く

ペアで相談する。
☞ 自分の走り方（フォームやペースなど）を、自分の言葉でペアの人に説明する経験は大変貴重である。説明しながら、自分の身体の状態を知る学習となる。
☞ ペアの人にアドバイスをするということから観察する視点が生まれ、より学習が深まる。
☞ 自分で考えることが苦手な人にとっては、ペアの人のアドバイスをもらうことが大変有効である。考えるきっかけとなる。

指名なし発表。
☞ この方法は、向山洋一氏の討論授業から学んだ。「指名なし音読—指名なし発表—指名なし討論」というステップがある。
☞ 通常の発表との違いは、教師が誰を指名するかを考える間がいらない点である。子供たちも、指名されるという受け身な立場から、「自ら発表しなくては」という積極的な姿勢に変容する。
☞ 体育における運動量の確保の重要性は、誰もが疑わないだろう。その点からも、このような場面は効率よく短時間で意味のある内容にしたい。よって、指名なし発表は大変有効である。
☞ もちろん、教室における他教科での指名なし発表の経験がベースとなる。

4 持久力を鍛える走の運動

らいから疲れてくるので、そこでスピードを上げる」)

　すごいね。

(「走り出しをしっかり走って、流れに乗ったら1歩を大きくしてやりました」)

　ストライドまで。すごいね。

5　まとめ

　2年生で実践したのですが、折り返しの子が、こうやってやるのです。タッチの手がちょっと届かないと、お尻をズリズリし前に移動してしまう(タッチを受ける側が動いてあげてしまう)。

| 子供らしさを生かす。

☞ 座っている人が、その位置をずらすということは、実践してみると分かるが、必ず見受けられる。

☞ これを厳しく責めてはいけない。相手に成功してもらいたいという子供らしい思いやりあふれる場面である(もちろん程度はある)。

☞ 微笑ましい場面は、教師はあえて見過ごすということもときには必要である。

　こんなふうになっても、OKにします。ハンドルの遊びの部分、許容範囲です。そういうふうにやると、シャトルランでもあきらめずにやる子が出てきます。これだけで上がったわけではないですが、この折り返しペース走を実践した後のシャトルランの記録が上がりました。

　これはデータ化して、エビデンスが取れると思います。

　これを2分から3分のかけ足が1〜2年生、3分から4分のかけ足が3〜4年生、5〜6年生は5分から6分の持久走として取り組むと、学習指導要領通りになりますので、ぜひ試してみてください。

▶教材研究×基礎知識：先行実践に学ぶ～山本貞美氏の原実践からの変遷

　山本氏が、広島大学付属小学校勤務時代に実践された内容である。原典は山本貞美『生きた授業をつくる　体育の教材づくり』（大修館書店）に詳しい。学校のグランドは狭いことから、どんな学校でも簡単にできるように、比較的短い距離を繰り返して往復するという「折り返し持久走」を試みた。初期に折り返し持久走が行われたのは、昭和44年から昭和53年までである。100メートルを30秒で走るペース、60秒で走るペースを徹底して身につける。そして、随時、心拍数を測定し、心拍数と運動の関係を知らせるものであった。次に、昭和54年から「改良 折り返し持久走」が実施される。今度は、徐々に距離を伸ばす方法、30秒ペースを増やしていく方法である。

　山本実践の追試を何度か試みた。短い距離の往復ということで、子供たちはグラウンドを周回する持久走よりも楽しんで取り組んでいた。しかし、難しさもあった。ライン引きである。事前に引いておかないと、短い休み時間などでは到底できなかった。

　次いで、「ラインを引かない」折り返し持久走の実践を見たのがTOSS体育の実践である。

　①体育館のラインを活用した折り返し持久走である。「折り返し地点を、白と赤のラインの間」というふうに、ライン引きをはぶくことができる。

　②折り返し地点に物を置く。赤白帽子、ミニコーン、とびなわなどである。

　これなら比較的準備も楽である。しかし、体育館のラインが曖昧であるという点やそのライン付近で足踏みをしてペースを合わせようとするといった問題点が浮上した。

授業を子役で体験した教師のコメント
～佐藤貴子氏

「これが向山型だ！」と衝撃だった場面があった。
1つ目。それは、スタート位置に座る子供がじりじり前に詰めたり、後ろに体をのけぞったりして、走っている友達を助けた場面である。普通なら、「ずるをしない！」と見つけたと同時に大声で注意するところである。この教師の一言で、一気に「がんばろう！」という子供の気持ちは失せる。マラソンなどの生涯体育につながる運動は、子供の頃の「楽しかった」「おもしろかった」という体験が大きいと思う。最後に見せてもらった桑原先生の2年生の子供たちは、友達とのことを思って、タッチできるように自然とじりじり前に詰めていた。友達のことが分かっている。クラス全体が優しさで満ちあふれていた。
2つ目。ペアでのランニングの場面。桑原先生の「お友達とおしゃべりしながら走りなさい」。これも衝撃だった。今まで、私は「くっついて走らない。自分のペースで、1人で走りなさい」と子供たちに言ってきた。「お話をするから、呼吸が整ってくる」という桑原先生の説明には驚いた。そういった知見があるから、子供たちにも自信を持って話せるのだと思う。楽しそうに走る先生方を見て、こんなふうに「走る楽しさ」を伝えたいと思った。

4 持久力を鍛える走の運動

Q1：何年生でもできますか？

A：全学年可能です。

　本授業は2年生の実践ですが、他学年であっても4分間や6分間と走る時間を延ばすことで可能となります。

Q2：折り返す時間は10秒が良いのでしょうか？

A：基本10秒と捉えます。

　体育館や校庭の広さに応じて、15秒や20秒も設定できます。ただし、教師やペアの人の声が遠くなるほど伝わりづらくなります。その点を考量して設定するとよいでしょう。よって、10秒が基本となります。

Q3：走る力があるのに、走る距離を短くして楽をしようとする子がいます。どのような対応をしますか？

A：シャトルランや50メートル走の記録を参考に考えさせます。

　自分の走力を認識させるためには、データは有効です。ペアの人にもアドバイスをもらうとよいでしょう。体育では能力を伸ばすこと、チャレンジすることが大切であることを普段から話すことも必要です。

Q4：実施する場所は、運動場と体育館、どちらでもできますか？

A：どちらでも可能です。

　体育館のステージが折り返しには分かりやすいため、体育館での実践が多いです。運動場であっても、明確な折り返し場所（例えば登り棒とか鉄棒など）が設定できれば、実践可能です。

Q5：ペアは、どのように組ませますか？

A：単元の組み立てによります。

　走力が近いペアで組むことによって、より自分事として力を高め合うことができます。逆に走力が違うペアにすることによって、自分との違いを認識して相手のことをより考える効果が期待できます。

また、ペアを固定化することで、前時との変容を見ることができます。逆に、毎回ランダムにペアを変えることにより、様々な走り方や考え方を知る機会となります。

以上のことから、単元を組み立てる際のねらいを明確にして設定するとよいでしょう。

> Q6：勤務校には「マラソン大会」「持久走大会」があります。競わせることはしたくないのですが、どのように進めたらよいかアドバイスください。

> A：「大会」という名称にすると競走になり、順位が生じます。

これは、一定のスピードで走るペース走を目的とした学習指導要領から逸脱します。せめて「記録会」として、順位をつけずに他人と比べない、自分の目標を達成する会にしたいですね。桑原が職員やPTA、子供たちと話し合って考えた取り組み例をご紹介します。参考にしてください。

『持久走大会について』

晩秋の候 保護者の皆様には、ますますご健勝のこと拝察いたします。

さて、標記の件につきまして、○○小では、例年行っている持久走大会について、PTA本部役員会及び職員で、学習指導要領に則り、協議を重ねてまいりました。そして、今年度より、持久走の取り組みでは、以下の3点をねらいとして、ペース走を学習することとしました。

学年ごとに走る時間(○分)を決め、決められた時間内に、どれだけの距離を走ったかを記録する(ペース走)
1　自己の体力を知り、体力の増進を図る。(動きを持続する能力を高める)
2　自分のペースを守って無理なく走りきる。
3　体を動かすことの心地よさを感じさせる。

毎年多くの児童が大会に向けて一生懸命努力し、練習を重ねています。ですが、多くの児童の意識は順位を上げることに向いており、自分のタイムが縮まっていても順位が下がると落胆してしまうケースも見受けられます。これは、他者との競走の結果によって自分を評価してしまっているからです。併せて、スピード競走によって体調を崩したり、無理をしすぎての死亡事故も全国では発生したりしております。その反面、ペース走は過去の自分と比較することで、個人の中で評価することができます。ペース走に変えることで、どの子も自分の努力の成果を実感することができ、さらに、努力が認められる経験を通して、児童の自己肯定感を高めていくことにもつながります。

上記のような理由で、これまでの持久走大会を見直し、前記のように『学年ごとに走る時間(○分)を決め、決められた時間内に、どれだけの距離を走ったかを記録する』方法に変更し、体育の授業の中で学習してまいりますので、ご理解・ご協力をよろしくお願い

4 持久力を鍛える走の運動

いたします。

しかし、中には「今年は〇位を目指そう。」と既に目標を掲げている児童もいるかと思います。その児童の気持ちを尊重したいという意見が出されました。そこで、5・6年生に関しては、今年度を移行期と考え、次のように実施します。

5・6年生は、児童が各自の目標のもとに、以下の2つの部から選択して学習する。
1　第一の部（昨年までと同じ内容。）
2　第二の部（ペース走。決められた時間を走り切った距離を記録とする。）
どちらも実施日は、〇月〇日とする。

なお、1～4年生に関しては、体育の授業時間内でペース走を実施します。詳しい内容は、児童と話し合いながら決定し、学習します。

【参考】
★学習指導要領には、速さを競う持久走は指導内容に明記されていません。
1・2年生：一定の速さでのかけ足（無理のない速さでのかけ足を2～3分程度続けること）
3・4年生：一定の速さでのかけ足（無理のない速さでのかけ足を3～4分程度続けること）
5・6年生：時間やコースを決めて行う全身運動（無理のない速さで5～6分程度の持久走をすること）

Q7：健康のためや大会出場のために、マラソンをしている大人をよく見かけます。そのような将来につながる走の運動についてのポイントを教えてください。

A：友達と話しながらのジョギングです。

小学校だと「ほら、そこくっついていないで!!」と叱ったりします。「1人で走るのですよ！」という調子です。走ることに集中するための環境づくりとしてはありえます。

ですが、生涯教育としての視点からすると、話しながら走ることにも効果があります。まず、話すことによって呼吸が自然とできます。意識が話をすることに集中することで、走り方が自動化されます。苦しくなく話せるペースで、走ろうとします。こういった楽しいジョギングを授業に取り入れると、走ることに喜びを感じる生涯スポーツにつながっていくと思います。

5 飛距離が伸びる投の運動

運動系	陸上運動「投の運動」
基 礎	遠くに力一杯投げる楽しさや喜びを味わう
目 標	足を踏み出す動きと腕の振りを合わせ、遠くに力一杯投げる
コ ツ	パーツ練習（腕の振り、体重移動、スナップ）

新学習指導要領への対応ポイント

① **知識及び技能**：投の運動の行い方を理解するとともに、足を踏み出す動きと腕の振りを合わせて遠くに投げることができるようにする。

② **思考力、判断力、表現力等**：自己の能力に適した課題の解決の仕方、競争や記録への挑戦の仕方を工夫するとともに、自己や仲間の考えたことを他者に伝えることができるようにする。

③ **学びに向かう力、人間性等**：投の運動に積極的に取り組み、約束を守って助け合いながら運動をしたり、勝敗を受け入れたり、仲間の考えや取り組みを認めたり、場や用具の安全に気を配ったりすることができるようにする。

授業の流れ

「指導言」全文　　　　　授業者による解説

1 握り方

今日は玉入れの玉を使って、投げる練習をします。まず、ボールはどうやって持ちますか。お隣と比べてください。パーで握っている人はチョキを出して。チョキの手に、お手玉を載せます。そうするとボールに回転がかかる状態になります。パーで握らない。チョキで握る。チョキでボールを握るようにします。はい、立って。

> 持ち方の指導。
> ☞ バトンや短縄など、器具には、適した持ち方がある。
> ☞ 持ち方の指導を曖昧にすると、後から修正する方が、時間がかかる。
> ☞ 細分化して教える。

2 かまえ

チョキで握ったら、頭の上に両手を置きます。
（見本を見せる。）

先生の方を向いて。持っていない方の手を降ろします。投げる方の手を上にあげて。そこから、頭の上から真下に投げます。
（真下にボールを打ちつける。）

はい、どうぞ。

| スモールステップ。
☞ 投げる動作を細分化して、それをステップに分けて指導する。
☞ 「チョキ」や「パー」といった誰もが分かりやすい、子供でも覚えやすい言葉を使用する。

| 「かまえ」の位置＝ゼロポジション。
☞ 肩やひじに負担をかけずに、自分のベストポジションで投げさせたい。それがゼロポジションである。これは、プロ野球機構による指導者研修会で教わった。
☞ 頭の上で手を組む場所の目安は、頭のつむじ付近である。
☞ 一連の投げる動作の中で、このゼロポジションを通過するように行う。

3 真下に投げる

思いっ切り真下に投げてね。前に投げない。真下だよ、真下。ストップ。次です。自分の手が届く後ろに、玉を置きます。（後ろに置いた）ボールを取るようにして、真下に投げます。取るようにして、真下。はい、どうぞ。
（子供が投げる。）

ボールを投げるときに体をひねります。このひねりが大事（ピッチャーが投げるような投球フォーム）。

顔がこうやって前を向いて見ていても、ボールは飛びません。ひねるから（投球フォームを見せる）、ボールが飛びます。

| 真下投げのメリット。
☞ 前に投げると、当然ボールを取りにいかなくてはならない。その時間を減らしたい考えから、真下投げを選択した。
☞ 真下ならば、転がる範囲も自身の周辺となる。
☞ 真下に叩きつけるように投げることは、前に投げるとどこかに飛んでいってしまうという不安感が減少する。苦手な子も安心して取り組むことができる。
☞ 短時間で繰り返して練習することができる。

4　ひねり

　もっとひねる練習をします。今度は、立ち膝です。このまま手をねじって（投球フォーム）前に投げるよ。ね。前に（指をさしながら）投げて。自分の前に投げます。先生の方。（指をさして）投げたら走って、ボールを取りにきます。今度は、先生がやってみるよ。頭の方を通って、こう投げる（実際に投げる）。

　みんなも、どうぞ。投げたら取りに行きます。オー、すごい。ここまできた。オー、上手。

| 上半身の使い方。 |

- ☞ 全身を使った投げる動作は、ややもすると、特定した部位の使い方をおろそかにして一部の部位に偏ってしまいがち。子供は全身を使っているつもりでも、フォームを見ると気づく。
- ☞ 教えなしでボールを投げてみると、立ったまま、腕だけを動かして投げるフォーム（いわゆる手投げ）を見ることが多い。
- ☞ 時間があれば、ひねりを教える前に、両膝立ちで自由に投げさせる。
- ☞ 両膝立ちをすることで足がロックされ、投げる動作に下半身は使用できない。よって、上半身に頼らざるをえない。すると、遠くに投げるために上半身を使うことに子供たちは気づきだす。
- ☞ ひねりを知ることで、投げることは全身運動だということを理解していく。
- ☞ 個別評定（1人ひとりの到達度を評価する）を取り入れると良い。
- ☞ 個別評定をすることで、できているところや足りないところを認識することができる。

5　例示

　ストップ。はい、○○さん、みんなの方を見てごらん。投げてみてください。ほら、飛んだね。ほら。
（子供たちを通り抜けてよくとぶ。）

　いいねー。
（子供たちから拍手が起こる。）

　○○さんが上手なのは、投げる前の反対の手が上がっているからです。向こうに投げますよーって準備をしている、反対の手で。もう一回、目標をめがけてー。反対の手を前にする。やってみましょう。はい。

6 練習

はい、練習。
(子供たちが投げる。)
　そうそう。はい、OKです。はい、ストップ。
(子供たちの真ん中に立つ。)
　このひねり(ひねる動作を見せる)が大事です。じゃあ、今度は立ってやってみますよ。まず立ちます。起立。右投げの人。右投げの人はステージを向きます。
(ステージの方を向き、指をさす。)
　ステージ。ステージを向いて、顔は前。こっちね。顔の前で投げます。
　左利きの人。左利きの人は後ろの壁を見ます。
(後ろを見て壁を指さす。)
　そう、そう。顔は前ね。さっきやったように、手を前に出して(投球フォーム)投げます。これでもう、ひねりがかかっていてできますからね。さあ、目標はこの壁。はい、どうぞー。はい、スタート。オー、すごい、すごい。上手です。そうそうそう。
(奥側から個別に見ている。)
　そうそうそう。オー、うまい、うまい。OKです。
(元の真ん中の場所に歩いて戻る。)

ひねり。
☞ 手を前に出す行為で上半身をひねる動きができることを覚える。

7 横を向いてから

　はい、戻ってきてー。はい、よくできました。最後にもう一回、今やったように横を向いて投げます。横を向いて前にいる反対側の相手にお尻を向けます。おしりを浮かせるくらいひねって(見本を見せる)、投げます。いいですか。お尻を向けて、ひねって投げます。

お尻を向ける。
☞ 体をひねると言っても、体の使い方が苦手な子にはなかなかできない場合がある。そのようなときには、相手にお尻を向ける。お尻に意識を向けさせることで、自然とひねりが生まれる。

8 遠くへ投げる

　もっと遠くへ。はい、最後です。はい、どうぞ。（投げようとしているときに合わせて）お尻を向けて投げる。はい、上手。そう。
（子供の方に行き、1人ひとり見ている。ときに個別にアドバイスをしている。）
　オー、すごい。
（1分後。）
　はい、OKです。すごい。上手です。はい。

> 遠くへ投げる。
> ☞ さらに全身を大きく使って遠くへ投げる方法を紹介する。
> ☞ 横を向く。体の後方の床に、手を伸ばして届く位置にボールを置く。投げる一連の動作の中で、そのボールを取る動きを入れて投げる。
> ☞ ボールを取る行為が入ることで、前足が上がり、大きな体重移動が起こる。

9 家でできる練習

　戻ってください。白い線。はい、座ります。
　おうちで練習するときには、ボールは投げられないよね。
　めんこって知ってる？　昔からの遊びです。おうちの人に聞いてみましょう。
　めんこで（めんこを床に打ち付けるしぐさ）ばちっと音を出せる人は、上手に投げられるんです。すぽっとか、ぽっつんとかいう音がして、落とす人はなかなかうまくならない。
　あとはね、紙でっぽう。パーンという音がします。<u>紙でっぽうで遊ぶと、投げるフォームも上手になります。</u>
　ぜひやってみてください。

> めんこ遊び。
> ☞ めんこ遊びが適している。ゼロポジションのフォームからめんこを投げる。
> ☞ 跳び上がりながら投げるような大きなフォームを作ることで、ひねりが生まれてくる。
> ☞ めんこが床に当たったときに、「パン」と音が出るように投げられると、手首のスナップも使えている基準となる。

5 飛距離が伸びる投の運動

授業への講師コメント
~ 根本正雄氏

現在行われている体力テストについて、桑原先生が最先端の情報を授業した。画期的な提案内容であった。これまでの私の授業では、ボール投げをはじめ、体力テストは、ただ測定するだけであった。

桑原先生の提案では、どうしたら記録が高められるかの指導がされていた。「ボールの握り方・真下投げ・体のひねり・足のステップ」といったボール投げをはじめ、このような視点での体力テストの指導は、今まではなかった。コツを発見させ、共有化していく中で、個別最適な学びと協働的な学びができる。これが普及すれば、日本の体力テストの概念が変わる。多くの方々に実践してほしい。

Q1：「投げる基本」を改めて教えてください。

A：「投げる」の基本の1つは「腕の振り出し位置」です。

日本野球連盟競技力向上専門員の清水隆一氏は、投げる基本をズバリこのように言っています。

> 腕の振り出し位置の「基本の型」は、次の通りである。
> ①頭頂部と後頭部の中間点で両手を組む。これが「ヒジが上がった状態」である。
> ②これと同じ状態で利き手にボールを握った状態が「基本の型」である。野球用語では、「ゼロポジション」という。　　（清水隆一『ベースボール 基本の「き」』ベースボールマガジン社）

ここでゼロポジションという言葉を知りました。

Q2：ボールの投げ方には様々あると思いますが、この授業以外で効果的だった練習方法を教えてください。

A：巻き戻しステップです。

体育館の壁を利用します。ボールを投げて壁にノーバウンドでボールが届くように投げます。届いたら、大股1歩（または1mくらい）壁から遠ざかります。再びボールを投げます。壁に届いたらさらに離れていきます。届かなかったら戻って繰り返し挑戦します。

近い距離から徐々に遠くへ離れていき、今、持っている投力の距離に戻すので、「巻き戻しステップ」

と呼んでいます。下の写真のような位置からスタートします。

このまき戻しステップは、水泳練習で知りました。1コースから壁に向かって泳ぐ、できたら1コースと2コースの間、次いで2コースから、2コースと3コースの間……というステップです。ゴールが常に壁なので、泳いだ距離を子供たちは理解しやすくなります。

Q3：めんこ遊びが投力アップに有効だということが分かりました。さらに大切な点を教えてください。

A：手首のスナップです。

「めんこ」遊びは、おおむね投力と比例しています。投力が高い子ほど上手で、低い子ほど強く投げることができません。この差は「手首のスナップ」が使えているかどうかです。上手な子ほど手首を使って強く、めんこを床に叩きつけることができます。下手な子は手首が固く、スナップを利かさずにそのまま置くように投げます。「手首のスナップ」ができると、よりボールを力強く離す（リリースする）ことができるようになります。回転数が増え、ボールの伸びに影響します。

Q4：特に低学年に、投げるフォームを教えることが難しいです。この授業以外の方法もありますか？

A：「ガオー」と「ボルト」のポーズです。

肩を上げるフォームのために、ライオンが襲い掛かるような「ガオー」というポーズをイメージさせます。
ボールを斜め上空に投げる方向づけのために、元陸上競技短距離のウサイン・ボルト選手の「弓を引くようなポーズ」をイメージさせます。詳しくは、Q1で紹介した『ベースボール』の第3章に書いてありますので、ご参照ください。

Q5：ボールスローの基本となる場づくりを教えてください。

A：ローテーションが大切です。

どこで何をするのかの役割分担を含めて、ローテーションさせていきます。
次ページのイラストのように、①投げる、②ボールを渡す、③ボールを受け取る、④ボールを拾う、

⑤計測をする、⑥記録する、といった役割を決めます。クラスの人数によって、複数の人数を割り当てる箇所を増やして調整します。

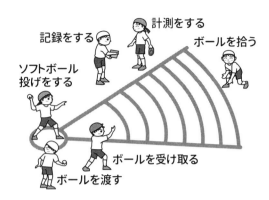

> Q6：楽しく、繰り返してフォームの練習ができる器具を紹介してください。

A：ロープにバトンを通した「バトンスロー」です。

以下のような器具を作成します。体育館や校舎の2階に、ロープの先を結ぶと良いです。

ちょうどゼロポジション辺りの高さにバトンが位置するよう、後ろでロープを引っ張る人は調整します。投げる人は、バトンをやり投げのように投げます。バトンを離すタイミングや斜め上空に投げる感覚づくりになります。より体重を移動させるフォームづくりにも便利です。ロープのどの辺りまで届いたのかを競うこともでき、子供たちは楽しく取り組みます。

> Q7：友達からのアドバイスを受けても、フォームがなかなか変わりません。よい方法はありませんか？

A：ICT機器を活用します。

動画や静止画を撮影します。それを基に投球フォームを確認することで、メタ認知できるようにします。自分は思い描いたフォームで投げているつもりなので、自分の姿を撮影することは大変有効です。

6 表現力を伸ばす阿波踊り

運動系	：表現運動
基 礎	：基本的な動きを身につけ、みんなと楽しく踊り、交流する
目 標	：リズムに合わせて、軽快な足取りや腰の動きで踊る
コ ツ	：個別評定、面づくり、個性を生かした手の動き

新学習指導要領への対応ポイント

① **知識及び技能**：日本の民踊の特徴を捉え、基本的な手振り・足取りや動きを身につけて、音楽に合わせてみんなで楽しく踊って交流することができる。伝承されてきた踊り方を身につける。また、踊りの由来や背景を理解し、踊りを通して日本の地域の文化に触れる。

② **思考力、判断力、表現力等**：踊りの特徴を捉えて踊れているか、踊りを見て課題を見つけたり、課題に応じた見合いや交流の仕方を選ぶことができたりするようにする。また、踊りの見合いや交流で踊りの特徴が出ているかを伝えることができる。

③ **学びに向かう力、人間性等**：踊り方を身につけたり音楽に合わせて踊って交流したりする際に、仲間と助け合おうとすることができるようにする。

授業の流れ

「指導言」全文 　　　　　　　　　　　　　　授業者による解説

1 足の指導

両手間隔で広がって4列ぐらいになります。

足だけの動きからです。右、前、左、前。右、前、左、前。これで前に進んでいきます。

回れ右、いきますよ。さんはい。（右、前、左、前……）

上手！ 回れ右。今度は1、2、3と掛け声をかけます。さんはい。（1、2、3、4……）

上手！ まだ、みんな怖いよ、顔が（笑）。楽しくダンスしていきましょうね。

> 踊りを細分化する。

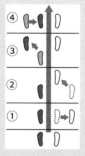

☞ 全体の踊りを分けて指導することで、内容が容易になる。

☞ 動きの基本となる足の動きから指導する。教師が「1、2、3、4」とリズムを唱えながら、足のステップを教師と一緒に行わせる。

2 腰を落として練習する

　腰を落とします。A君、上手だから来て。腰を落として、1、2、さんはい。上手だね。みんなもできると思うよ。やってみます。後ろを向いて、腰を落として、さんはい。

　回れ右、さんはい。女子、うまいね。男子、頑張って。

> 初めはぎこちない、嫌に思っている子がいることを理解しておく。

- ☞ ノリのいい子たちは、放っておいても意欲的に取り組む。
- ☞ その点を教師が理解した上で指導することが、包み込む温かな指導につながる。逆に理解がないと、教師が教え込み、子供を置き去りにする指導となってしまう。
- ☞ 教師が明るく、テンポよく指導することが必須である。

3 手をつける

　A君、前に来てね。今度は手をつけます。1、2、3、4に合うような手の振り。どんなのがありますか？　先生だったらこう。コップに酌んでね。1、2、3、4（お酒を酌んで飲む振りをする）。

　A君は子供ですから、どうする？　いいですね！

　では、みんなも、その場でやってみて。手だけですよ。さんはい。1、2、3、4、お猿さんの動きが多いね。

> 手の動きは自分で作らせる。

- ☞ モデリングが必要である。1回目は教師のお手本、2回目は子供たちの中から選出する。
- ☞ 「まねしても良い」という声かけで、多くの子供たちは救われる。その中から突き抜けていく子供を取り上げて、ほめていけばよい。それがオリジナリティを広めていく。

4 手と足を合わせて行う

　手をつけてやってみます。立ちます。回れ右。いきますよ。さんはい。

回れ右。さんはい。

　いいですね。座って。Aさん、うまいな。Bさん、前に来てください。Bさん、うまいね。C君がちょっと悩みながらやっていたから、お手本ね。見てください。さんはい。オー、素晴らしい。すごいね。C君、いいものは真似していいんですからね。

　もう1回いきましょう。立ちます。手の動きは変えながらやっていいんですからね。

　腰を落とすことを忘れないでね。回れ右。上手。座って。

> **手と足の協応動作**
> - ☞ ２つの動きを同時に行うことは困難さを生じやすい。このことを理解しておく必要がある。
> - ☞ 原則は「模倣」である。友達の動きを真似させて、一緒に練習させる。
> - ☞ 手と足があまりに連動しないときには、再度「手だけ」「足だけ」の練習に戻すことが必要である。

5　面を作る

　A君、前に来て。次は、顔を作ります。阿波踊りの面を作るって言います。A君、この世で一番変な顔。まだだよ。まだやらないでね。先生が手で顔を隠すから、離したらやってね。いきますよ。はい（爆笑）。

　とってもいいね。OKです。ありがとう。このような面を作ってやりますよ。いきますよ。はい、1、2、3、4。OK。

　難しい人は、かわいい顔でもいいです。はい、立って。いきますよ。後ろ、さんはい。回れ右。OK。いいね。座ってね。上手です。

> **恥ずかしさを感じさせない巻き込み。**
> - ☞ 面づくりは、かなり恥ずかしさを伴いがちである。
> - ☞ これをテンポよく練習させ、個別評定を繰り返すことで、全体が巻き込まれていく。面づくりが楽しくなっていく雰囲気に変容する。向山学級の子供たちは、熱狂していく。

6　向山洋一氏の映像

　映像を見てみましょうね。向山先生が体育館で指導している映像があります。見たことのある方は？　貴重な映像ですので、ぜひ見てください（後述の「Q&A」の6を参照）。

7 個別評定

今、向山先生は何をやっていましたか？ 漢字四文字で。
(「個別評定」)

その通り。個別評定をしています。どんどんやっています。何点からスタートするのか？ 手で表してください。向山先生は何点からつけますか？ これは、3点からです。3点で合格です。今からやってもらいます。合格した人は先生の後ろで見ています。残念だった人はもう一度、列の後ろに並んで再挑戦します。立って、全体で後ろに下がりましょう。この白い線まで。1列4人ずつやりますよ。

どうぞ。1、2、3、4、さんはい。

1、2、3、4、1、2、3、4、「3・3・2・3(点数)」

○○さん、もう1回(2点の子)。応援してあげてね。努力を認めよう、3点。

2回目。今度は5点。腰を見ます。腰ね。並んで。さんはい。

5点、5点。顔で勝ったな。

5、5、5、5、5。うまいな。

5、5、6、6、5。

みんなうまいね。5、7、5、5、5。うまい。うまいな。素晴らしい。

リズムとテンポある個別評定。

☞ 一度に評定する人数を決める。私は、基本4人である。端の子から「2(点)、3(点)、1(点)、2(点)」と点数を告げる。「2点」とは言わず「2」である。そうでないとリズムが崩れる。

☞ 向山洋一氏は8人である。ものすごいスピードで、8人の採点に30秒とかからない神技。実際の指導を目にしていた師尾氏の証言である。驚愕だ。

☞ 子供たちには、「今日は初めてですから、3点で合格です。不合格の人は、もう一度いらっしゃい」と告げる。

☞ 10点満点であるが、ほとんどの子が1点か2点である。棒立ちの子は、いつまでも0点、1点である。しかし、多くの子は、次々に合格していく。そのうちに自然と、合格した子がまだの子に教える場面が生まれてくる。合格すると、拍手、歓声が上がる。

8 向山学級の子供の映像

映像が見えるようにスクリーン前に来てください。この腰の低さと顔ですね。どうですか？ 近くの人と感想を

言い合ってください。
(「個性が出ていてすごいです」)
(「腰が低くて驚きました」)
(「切れ味が素晴らしいと思いました」)
(「子供たちの個性が光っていました」)

9 ICTの活用

これをどう活用するかということですけれども、今ならば自分たちの踊りを動画に撮り、向山学級の子供たちと比べることができます。Flipgrid（Flip）使っている人？ ウゴトル？ ScreenPal？ こういった動画アプリを使って自分たちの踊りを撮影して比べることができます。

今ならぜひ、ICTを活用することに取り組んで欲しいなと思います。

ICTを道具のように使う。
☞ ICTを使うと運動量が落ちるという声を耳にしたことがある。
☞ 私の実感では、ICTを使った方が効率良くなり、運動量が確保される。
☞ 恐れずに、様々なアプリなどをどんどん使ってみるべきである。

10 曲に合わせて踊る

今度は実際に、曲に合わせて踊ってみましょう。立ちます。回れ右ね。音声流してください。さんはい。周りにはお家の人、保護者が見ている想定です。顔を上げて。顔を見せてね。

次は、向山学級の子たちと一緒に踊ります。
(スクリーンに、向山学級の子供たちの阿波踊り映像が流れ出す。)

ストップです。回れ右。はい、OKです。座ります。踊ってみてどうですか？
(「すごく、楽しかったです」)

曲が動きを後押しする。
☞ 曲が流れることで、リズムに乗りやすくなる。
☞ 流しっぱなしでの指導も可能である。地声が届くか心配ならば、マイクを使用する。
☞ 私はBluetooth対応のワイヤレススピーカーを使用している。手元の端末から再生・一時停止などの操作ができる。

11 向山式阿波踊り指導の解説

ここからは解説です。学年通信「アバウト」というのを向山先生が書かれています。

> 「阿波踊り」は基本の動きは同じですが、「ふり」は1人ひとりちがうのです。いや、「1人ひとりちがうふり」こそ「阿波踊り」のすばらしさです。「1人ひとりの個性的なふり」は教えてできるものではありません。1人ひとりの心の中、身の中にかくれたものを見つけさせ、○○教育です。「教える教育」から「○○教育」へ方向を変えねばなりません。
> （師尾喜代子『この目で見た向山実践のウラ技』明治図書）

2箇所の○○には同じ言葉が入ります。なんだと思いますか？　近くの人と相談します。今、みんな動きがどうなったかということです。

A先生が頷いている。どうぞ。
（「気づかせる」）

ちょっと違う。言いたい人？
（「引っ張り出す」）

正解！　そう思っていた人？　そう思っていたんだよね。他の本には、このように書いてあります。

一、踊りの基本の習得指導
二、上手に踊るための習熟指導
三、校庭での演技指導
（『教育トークライン』1998年9月、No.137. 教育技術研究所）

大変貴重な論文です。

仮に8時間扱いで、この3つを指導すると、どういう時間配分になるでしょうか？　向山先生が配分を考えられています。何時間、何時間、何時間でしょうか？　近

1人残らず合格させる。

☞ 必ずその日のうちに全員を合格させる。これは鉄則である。

☞ 無理やりでも合格させる。「努力を認めよう」「ほんの少し良くなった」「表情が良い」「元気がいい」などである。

☞ 合格がかなり難しい子の場合には、他の子が見ていないところで簡単に合格させることも、配慮を要する場合には必要である。

くの人と相談して。
(「2時間、3時間、3時間」)
(「2時間、5時間、1時間」)

　これは、1時間、5時間、2時間です。最初は1時間でいいのです。今日やった基本形ですから、1時間でできるということです。

　上達指導のポイントは、○○○○である。さっき答えてもらいましたね。みんなで言ってみましょう。漢字四文字さんはい。
(「個別指導」)

　　1人ひとりに点をつけてやることだ。こうすれば、子供たちは確実に上達する。
　　いつも意識していたのは、「指導の○○」であり、授業の□□だった。阿波踊りの指導、それはその代表だろう。□□された「向山式阿波踊り」は、誰でも活用できる。体育の定義を考える上では大事な言葉になっています。
(『教育トークライン』1998年9月、No.137．教育技術研究所)

　○と□には、それぞれ何と入りますか？　近くの人と相談。○が「組み立て」ですね。□が「システム化」です。このことを体育では意識していたよ、と向山先生が書かれています。

　現在、TOSS向山型体育では、これからどのように研究していこうかまとめています。当然、「できない子をできるようにする。できる子も満足させる」を土台にしています。それは各教科一緒だと思います。それを踏まえた上で、各パーツを検討していきます。

　本日取り上げた個別評定もそうです。運動量もそうです。システムもそうです。発問指示もありました。それぞれの重要度、あるいは優先順位があるのか。または、他にはないかということを、皆さんとセミナーあるいは普段の授業実践から作っていきたいと思います。

動きを引っ張り出す。
- ときには10点満点の点数を超える12点、15点といった点数を告げる。
- 子供たちは「何!?　10点以上の点数があるのか？」と驚く。
- 10点以上の点数を聞くことで、もっと個性を出そうとしはじめる。この、追求する態度を育てていくべきだ。

システムという考え。
- 授業にシステム化という概念があることを、向山洋一氏から教わった。
- システムを考えることで、体育の授業が滞らずにスムーズに流れていく。
- スムーズに流れるから、全体指導も個別指導も可能となる。
- よって、1人の例外もなく、できるようにする体育授業が実現できる。

6 表現力を伸ばす阿波踊り

▶教材研究×基礎知識:阿波踊り指導の原実践〜向山洋一氏

どうして「阿波踊り」を選んだのかという理由も一応はあるのです。

運動会で演じられる種目は様々です。

力強さを表現したものもありますし、集団の美を表現したものもあります。それぞれに工夫され、すばらしい出来栄えです。

私たちは、1人ひとりを表現させたいと思いました。

1人ひとりの個性を見ていただきたいと思ったのです。

130名もの子供たちが演技するときに、1人ひとりの個性を発揮させるのは可能でしょうか?

私たちは、「阿波踊り」なら可能だと思いました。

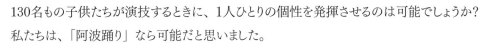

「阿波踊り」は、基本の動きは同じですが、「ふり」は1人ひとりちがうからです。いや「1人ひとりちがうふり」こそ、「阿波踊り」のすばらしさです。

問題は「1人ひとりの個性的なふり」を、持たせることが可能かどうかです。

これは、教えてできるものではありません。

1人ひとりの心の中、身体の中にかくれていたものを見つけさせ、ひっぱり出す教育です。

「教える教育」から「ひっぱり出す教育」へ、方針を変えねばなりません。

最初、指導したとき、大半の子(およそ80%の子)は、いやいやでした。動きも、棒立ちそのものです。

これでいいのです。教育は、こういうところから始まるのですから……。

「みんなもっと真剣になって……」というようなお説教はしませんでした。

——向山洋一・師尾喜代子・板倉弘幸『この目で見た向山実践とバックボーン』(騒人社)

授業を子役で体験した教師のコメント
〜 溝端達也氏

阿波踊りの指導は、私もたくさん実践してきました。最大のポイントであり、かつ難しいのは「個別評定」です。甘すぎても厳しすぎても駄目です。

向山先生は、実に簡単にされます。桑原先生の個別評定もリズムに乗ってテンポよく進みました。心地が良いのです。個別評定の重要さを再確認できました。

Q1：指導時間が多く取れません。短時間で阿波踊りを扱うとしたら、およそ何時間が適切でしょうか？

A：3時間です。

以下に、大まかな単元計画を紹介します。
第1時：①足だけの指導　②腰を落として足の指導
第2時：①手の動きをつけた指導　②面（顔）づくりの指導
第3時：①10点を超える指導　②全体の動きの指導
スピードが大切です。だらだらと指導をしていたら、動きを引っ張り出せません。

Q2：表現運動の指導で重要なことは何でしょうか？

A：「個別評定」です。

　一通り踊った後、全員に対して「直してもらいたいところが3つあります」と教師が指導する場面を目にしました。このような指導をしても、自分のことと捉えて聞いている子供は思った以上に少ないものです。だから、「個別」に「どこが良くてどこが悪いのか」を「評定する」ことが必要なのです。個別評定することで、動きは劇的に変化します。
　「みんなの前で評定されて可哀そう」という同僚の声を耳にしたことがあります。しかし、個別評定をせずに授業が進むことの方がかわいそうだと思います。

Q3：さらに「個別評定」で気をつけるポイントを教えてください。

A：リズムとテンポを崩さないことです。

　変な間を空けずに、きっぱりと次々に評定することです。
　次に、楽しく評定をすること（笑いが起こるくらい。教師も笑う）が大切です。
　基本的には、「足のリズム」が、4拍子にあっていればよいのです。子供たちは個別評定があり、緊張場面をくぐりぬけてくるので踊りが上達していきます。

Q4：運動会で「阿波踊り」を踊ることになりました。どのような言葉かけをしたらよいか、一例を教えてください。

A：観客が笑ってくれたら、我々の勝ちです！

6 表現力を伸ばす阿波踊り

　踊りが心配な子は、体が思うように動かずにガチガチになります。笑わそうと意識を変化させることで、肩の荷が下りることがあります。練習で10点でも本番では8点になることはザラです。だから、練習では12点を目指すように声かけをします。それで本番では9点くらいです。
　「小道具を持ってきてもよし」と声かけをすることも効果的です。羽目をはずすくらいでちょうどよいのです。

> Q5：桑原先生が阿波踊りを指導した子供の中で、印象的な子のエピソードを紹介してください。

> A：6年男子の自虐的行動をするA男です。

　何かうまくいかないことがあると自分の頭を手でボコボコと殴ったり、机や壁に叩きつけたりしていました。両親を幼い頃に亡くし、祖父母に厳しくしつけられてきました。被害妄想も強く、「○○君は、僕が来ると逃げるんだ」と訴えてくることもしばしばでした。
　私が4年生のときに担任しました。TOSSで学んだことを総動員して、その子とは安定した1年を過ごすことができました。しかし、それから2年後、また前述した傾向が校内で見られるようになってきました。そんな6年生と5年生とで、合同の『運動会ダンス〜阿波踊り』に取り組むことになりました。
　阿波踊りの練習が始まりました。私が随所に個別評定を入れながら、練習はテンポ良く進みました。いよいよA男の個別評定の番となりました。大丈夫かなという不安は、一瞬で消し飛びました。見事に足を大きく動かし、腰を落としているではありませんか。何よりも顔の表情が抜群でした。どちらかというと運動は他の子より劣っているA男でしたが、できる子よりも素晴らしい動きなのです。
　私は、6点満点のところ、大きな声で「8点！」と告げました。周りの子も「オー」と感嘆の声を漏らしていました。A男は「よっしゃー」とガッツポーズを見せました。「A男、すごいなぁ！」と周りの子に声をかけられているA男は、嬉しさ半分と照れ半分の笑顔を見せました。阿波踊りは、運動が苦手な子ほど活躍する可能性を秘めています。

> Q6：向山学級の阿波踊りの映像がどうしても見たいです。

> A：現在は絶版ですが、DVD（教育技術研究所）がありました。

　貴重な動画ですので、同僚の先生でお持ちの方がいらっしゃらないか、周りの先生に聞いてみてはいかがでしょうか。
　向山先生の個別評定は爽快です。そして子供たちは、委縮することなく全力で踊っています。それも楽しそうに、自分を見てくれといわんばかりに踊っています。運動会本番、運動場いっぱいに踊り乱れる様は必見です。

7 リズム感を育む ニャティティソーラン

運動系	表現運動
基礎	へそ（体幹部）を中心にリズムに乗って全身を大きく動かしたり、ねじる・回る・弾むといった動きの変化をつけたりして踊る
目標	軽快なリズムに乗って全身で踊る
コツ	万糸乱れての精神、のびのびとした動きをほめる

新学習指導要領への対応ポイント

① **知識及び技能**：リズムダンスの行い方を知るとともに、軽快なリズムに乗って全身で踊ることができるようにする。

② **思考力、判断力、表現力等**：自己の能力に適した課題を見つけ、リズムの特徴を捉えた踊り方や交流の仕方を工夫するとともに、考えたことを友達に伝えることができるようにする。

③ **学びに向かう力、人間性等**：リズムダンスに進んで取り組み、誰とでも仲よく踊ったり、友達の動きや考えを認めたり、場の安全に気をつけたりすることができるようにする。

授業の流れ

「指導言」全文　　　　授業者による解説

1 ワクワクする語りで引き込む

　ニャティティソーランというダンスをします。ニャティティというのはアフリカの民族楽器の名前で、なんと、向山恵理子さんという日本人がその演奏者として認められました。そのニャティティという楽器の音色に、ソーラン節のメロディ要素を乗せて作曲された「ニャティティソーラン（2020年バージョン）」。これを今年は、みんなで踊ります。

 ニャティティソーランのダンス。

☞ 全学年で実践可能な内容である。強いていえば、特に中学年での実践に適している。

☞ 8拍のリズムで構成されているので、踊りの構成をつかみやすい。

☞ ところどころに盛り上げる「掛け声」が入っている。

☞ 自然に体が動き、リズムを取り出す曲想である。

第2章 挑戦力を引き出す！ 教師の導き方で進化する子供の力

2 実技はＴ２を活用

　座ります。今日はＴ２の先生として、大学生が駆けつけてくれました。大学生の動きを見ながら、みんなでやっていきます。ステージを見ながら踊ってください。

> **万糸乱れての精神。**
> ☞ ダンスというと「一糸乱れず」が一般的な考えだろう。そこを反対に「万糸乱れて」であることが、このニャティティソーランの魅力の一つである。
> ☞ １人ひとりの、のびのびとした動きを認め、ほめていくことで完成させていく。

3 授業のかまえをつくる

　大事なことがあります。１つ目、笑顔で。アフリカの笑顔で。広大な自然の中に行ったつもりになって、笑顔でやります。２つ目、大きく。大きく全身で踊ります。３つ目、振りは乱れても全く構いません。この踊りは「万糸乱れて」と言って、動きが少しくらいずれても構いません。リズムに乗ることの方が重要です。リズムに乗って、地面をしっかりと叩いたり、空を感じたりしていきます。言ってみましょう。笑顔。大きく。乱れて。

4 踊りのパーツをイメージで伝える

　１つ目のパーツです。膝を立てた格好です。はい、右膝を立てて、どうぞ。お隣さんと離れます。陸上のスタートみたいな感じです。手の平をしっかり大地に着けて、その状態から腕立て伏せをします。

> **スモールステップ。**
> ☞ このニャティティソーランには、全部で11のパーツがある。
> ☞ このパーツを１つひとつ教えていく方法がオーソドックスであろう。

　お手本を見てくださいね。1、2、3、4、5、6、7、8（以下、カウント）と、狩りをする準備です。みんなは、ライオンです。（カウント）目線は地面、まだ敵を見上げません。敵に見つからないように下を向いています。もう1回、声を出して言うよ。1、2、3、4、5、6、7、8。獲物がいないか、右、左と顔を左右に振ります。右、左、右、左、右、左、右で、8拍目に獲物を見つけてガオーと立ち上がろう。さんはい、右、左、右、左、右、左、右、ガオー。だめだ、それじゃ獲物を捕まえられない。もっと鋭く、大きくやらなくちゃ！　右、左、さんはい。右、左、右、左、右、左、右、ガオー。オー、いいねー。これで立ち上がりました。そして威嚇します。はい。片足ずつ上げます。とん、とん、とん、とん、まねして、とん、とん、とん、とん、そう。とん、とん、とん、とん、そう。そのときに、肩が少し動くといいです。

☞　パーツの順番を工夫する場合もある。「巻き戻しステップ」である。11番目のパーツをはじめに教え、次に10、9と覚えていく。これは最後が既習の踊りになるので安定していく。

☞　また、「DVDを流して真似をさせる」という別の方法もある。高学年などの男子に指導中、女子はDVDに合わせて練習することも可能である。

動きのイメージを記憶に定着させるワード。

☞　このパーツは、「片膝座りから立ち上がり、両手を広げ右足でケンケン、左足でケンケン」という動きである。このままでは、説明的だ。

☞　「ライオン」をイメージさせるから、鋭さや大きさ、激しさといった動きにつながる。

☞　獲物を狩る準備運動の腕立て、獲物を探す顔振り、獲物を威嚇する「ガオー」の掛け声、獲物を捕まえにいくケンケンと、場面を想像できるように指示をする。

☞　これがエピソード記憶となり、頭に残りやすい。

5　動きをダイナミックにする

　このニャティティソーランは、肩の動きが特徴の1つです。両肩を大げさに振りながら踊ってみて。最初からできなくても大丈夫ですよ。やっていくうちに、それっぽくなっていきます。OK。みんなの踊りが大きく、ダイナミックになっ

7 リズム感を育むニャティティソーラン

てきましたね。

　ここまでつなぎます。座って、かまえ。いきますよ。さんはい。1、2、3、4、5、6、7、8、右、左、右、左、右、左、右、ガオー。1とん、2とん、3とん、4とん、5とん、しっかり地面、とん、とん、8とん、9とん、10とん、11とん、12とん、13とん、14とん、15とん、16とん、OK！

| ダイナミックな動きに見える肝。

- ☞ 1つに、「目線」が挙げられる。
- ☞ 「遠くに目線を向ける」または「伸ばした指先に目線を移す」だけで体がすーっと伸びる。観客はその方向に目線が奪われる。

6　さらに乗せる工夫

　次のパーツ。アフリカのお花が開きます。きれいに咲いてね。前に1、2－3－4、2、2－3－4、足を1で右足前にして、2で後ろに跳び、3・4と足踏み。足だけやってみるよ。さんはい。1、2－3－4。2、2－3－4。3、2－3－4。ここに手をつけます。手はお花が開くように。お手本を見てね。T2の先生、どうぞ。1、2－3－4。肘と腕を動かして、大きいお花が咲きます。やってみましょう。さんはい。1、2－3－4。2、2－3－4。3、2－3－4。4、2－3－4。そうです、左右反対になっても構いません。大丈夫ですよ。花が大きく開きました。開いたら、ケンケン。先生を見てね。ケンケンケンケンと4回。そうしたら「くるりん」。「くるりん」は、獲物を見つけて「ガオッ」と襲い掛かるイメージです。1、2、3、4で、ガオッと素早くやります。素早く、もう1回、さんはい。1、2、3、4、はい。4で戻ってきます。1、2、3、4、足。右足を前に出してからいきますよ、さんはい。1、2、3、4で戻る。そう、もう1回。1、2、3、4です。そのときに手を、ガオッと振ります。「ガオッ」です。さんはい。1、2、3、4、そうそう。もう1回、さんはい。1、2、3、4。いきますよ。今の動きに、ケンケンをいれます。さんはい、ケンケン

| 基本的な動きを教えつつ、自由度があるダンス。

- ☞ この「ケンケン・くるりん」の動きがそうだ。この「くるりん」の動きで、子供たちは思い思いに手を回す。ニャティティのリズムに乗ってさえいればよい。
- ☞ 思い思いに心地良くシュッと回っている。その様子は、見ている側も楽しい。

| 動きをイメージする言葉。

- ☞ 「くるりん」や「ガオッ」は、子供たちに伝わりやすい。
- ☞ イメージ語は、子供らしさを引き出す。

ケンケン、1、2、3、4、そうそうそうそう、上手ですね。もう1回いきます。さんはい、ケンケンケンケン、1、2、3、4。ケンケンのときに肩を揺れせる人は揺らしてね。もう1回、さんはい、1、2、3、4、1、2、3、4。そうそう上手ですね。いいですね。

7 新しいパーツはストーリーで伝える

次のパーツ。敵を見つけてバサバサ。鳥の羽ばたきですね。バサバサ、バサバサ、今度はみんな鳥になります。鳥の羽がバサバサ、バサバサ。足は、ずっとトントントンと跳ねています。トトン、トトン。初めはなんとなく動けばいいですから、大丈夫ですよ。腕の脇を開けて、さんはい。バサバサ、バサバサ、バサバサ、バサバサ。そうしたら次に、獲物を見つけて、鳥が木に止まった様子から、シュッ。手をやってみて。はい。片方の手で帽子を持っている感じ。獲物を見つけて、片方の手をピシッと大きく。手の平は下向き、視線は曲げている手の先、右手のほうね。この動きで背筋伸ばして踊るとかっこいい。その後はまた、バサバサバサバサです。さんはい。タッタ、タッタ、タッタ、タッタ、タッタ、いいね。かっこいいです。バサバサから、さんはい。バサバサ、バサバサ、バサバサ、バサバサ、帽子、1、2、3、4、5、6、もう1回バサバサ。バサバサ、バサバサ、バサバサ、バサバサ、帽子、1、2、3、4、5、6、7、8。オー、上手だね。すごいです。

> お手本は大げさに行う。
> ☞ 指示以上に大げさに動くことで伝わりやすい。
> ☞ 大げさに動くポイントは「へそ」である。
> ☞ へそを意識して動かすと、体全体が動かされる。学習指導要領にも明記されている。

バサバサの動き

帽子のポーズ

7 リズム感を育むニャティティソーラン

8 息を整えるパーツ＆通し練習

　これで3分の1がおわりです。はい。3分の1ですよ。はい。上手に休憩しながら踊りましょう。続いてワン・ツーね、はい。ワン・ツーは後ろに、後ろ、後ろ、後ろです。足を後ろ、後ろ、後ろ、アキレス腱を伸ばすように、後ろ、後ろ。手は後ろに下げたときに上げます。上げる、上げる。実は、このパーツは休憩パーツです。このパーツでちょっとほっとして、息を整えます。

　では、ここまでやってみましょう。最初から。はい座って、大丈夫です。さんはい。1、2、3、4、5、6、7、8。右、左、右、左、右、左、右、ガオー。トントン、トントン、トントン、トントン、トントン、トントン、トントン、トントン、トントン、トントン、トントン、トントン、トントン、トントン、トントン、トントン、トントン、花いくよ。さんはい。1、2・3・4。2、2・3・4。3、2・3・4。4、2・3・4。1、2、3、4、くるん3、4、1、2、3、4、くるん3、4。そしてバサバサ、さんはい。バサバサ、バサバサ、バサバサ、バサバサ、帽子、1、2、3、4、5、6、7、8。バサバサ、バサバサ、バサバサ、バサバサ、帽子、1、2、3、4、5、6、7、8。OK、いいね。大丈夫だよ。はい、座っていいよ。休みましょう。

踊りに緩急をつける。
☞ 激しい動きばかりに注目しがちだが、静の動きも大切である。
☞ 最大限で踊っている子供が、静のパーツでほっとする。
☞ 観客も静の動きを見ているので、動の動きの迫力に感動する。
☞ 緩急は大切なキーワードである。

通し練習。
☞ はじめの段階では、教師が動きの言葉かけをする。
☞ 指示があるので安心して踊れる。
☞ 教師の指示なしで躍るのは、子供たちが自信をつけてからである。

（残り3分の2のパーツ練習は省略。ただし、全パーツについて末尾のQ&Aで解説。）

残り3分の2パーツの練習。
☞ 基本的な指導は、これまでと同じである。
☞ お手本を示しながら、イメージ語を使用して練習する。
☞ 拍をとりながら、リズムと一緒に踊りを覚える。
☞ 一通り練習したら、全体やペアで確認する。

9 声をかけながら通しての踊り

では、最後にもう1回、通して踊ります。最高の踊りを目指してね。立ちます。今度は向かい合います。向かい合って踊ります。では、いきます。

1、2、3、4、5、6、7、8、右、左、右、左、右、左、右、ガオー。トン、トン、トン、トン、トン、トン、トン、トン、いいね。肘の揺れ、上手。トン、トン、お花、ケン、ケン、ケン、ケン、シュッ。お花、お花、ケン、ケン、ケン、ケン、シュッ。もう1回、お花、肘を伸ばしてお花、かろやかにケン、ケン、ケン、ケン、大きく、シュッ。そう、上手。手が上がってきたよ。お花、お花、ケン、ケン、ケン、ケン、シュッ。バサバサ。

バサバサ、バサバサ、バサバサ、帽子、タタタタタタタ、タタタタタタタ。バサバサ、バサバサ、バサバサ、帽子、タタタタタタタ、タタタタタタタ。

お花、軽やかに、ケン、ケン、ケン、ケン、くるん。お花、お花、ケン、ケン、ケン、ケン、シュッ。

バサバサ、バサバサ、バサバサ、帽子、1、2、3、4、5、6、7、8。バサバサ、バサバサ、バサバサ、帽子、タタタタタタタ、タタタタタタタ。

後ろ、後ろ、後ろ、後ろ、後ろ、後ろ、後ろ、後ろ、いい顔をしていますね。後ろ、後ろ、後ろ、後ろ、はい。

ゴリラ、ゴリラ、ゾウ、ゾウ、ゴリラ、ゴリラ、ゾウ、ゾウ。前。

まーえ、うしろー、1、2、3、4。2、2、3、4、青空、大地、1、2、3、4、5、6、7、鳥。

(鳥)1、2、トン、トン、1、2、トン、トン、1、2、トン、トン、1、2、トン、トン、戦士！ 戦士！ 戦士！ 戦士！ 1、2、トン、トン、1、2、トン、トン、戦士！ 戦士！ 戦士！ 戦士！

後ろ、後ろ。気持ち整えて。気持ちを最後に出します。はい、いきます。

泳いで、泳いで、クイッ、クイッ、クイ。言います。泳いで、クイッ、クイッ、クイ。泳いで、泳いで、クイッ、クイッ、クイ。はい、泳いで、泳いで、クイッ、クイッ、クイ。

全体の通し練習。

☞ 教師はほめるにつきる。向山洋一氏は側転指導において「ほめてほめてほめまくる」ことを実践している。

☞ ほめることで、子供たちは動きに自信をつけていく。

☞ 自信をつけさせたい動きには、強調して指示をする。子供たちに印象づける。

☞ 拍に乗って言葉を発するように心掛ける。

☞ 続けて踊っていると、教師の指示語を子供たちも口ずさんでいくようになる。言葉とその動きが連動していく。

☞ 後半は、体力が少なくなってきた子供たちに声をかけて励ます。

7 リズム感を育むニャティティソーラン

右、左、タタタン、タタタン。右、左、タタタン、タタタン、右、左、タタタン、タタタン。右、左、タタタン、タタタン。

泳ぎます。泳いで、泳いで、クイッ、クイッ、クイ。泳いで、泳いで、クイッ、クイッ、クイ。上手！ 泳いで、クイッ、クイッ、クイ。泳いで、泳いで、クイッ、クイッ、クイ。

右、左、タタタン、タタタン、右、左、タタタン、タタタン、右、左、タタタン、タタタン。

最後！ 右、左、タタタン、タタタン。

1、2、3、4、ハッ！

オー！ すごーい！ はーい、OKです。自分たちに拍手を！ 以上で終わります。

ゴリラ

ゾウ

青空

大地

鳥

鳥

戦士

戦士

右、左

タタタン

後ろステップ

後ろステップ

1、2、3、4

ハッ!

泳いで

クイッ

▶教材研究×基礎知識：ニャティティソーランとは

ニャティティソーランは、ケニアルオー族の伝統弦楽器「ニャティティ」と日本の「よさこいソーラン」が融合して生まれた踊りです。

2008年6月に開催された「日本ケニア教育文化交流事業」では、その交流の一つとして、ケニアの高校生たちと日本の踊り子が「よさこいソーラン祭り」に出場し、ニャティティソーランを演舞しました。

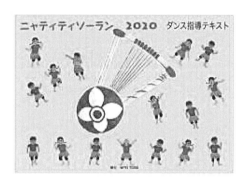

ニャティティという楽器は、NHKテレビやラジオ、新聞でも取り上げられ、第4回アフリカ開発会議（TICAD）式典や外務省、ケニア大使館主催のレセプションパーティーなどでも演奏されました。

ニャティティソーランは、周りの人も踊っている、自分も元気になる最高のダンスです。ぜひ踊ってみてください。そして、ケニアの文化を肌で感じてください。

――世界初女性ニャティティ奏者／日本ケニア教育文化交流事業代表／アニャンゴこと向山恵理子『ニャティティソーランダンス指導用テキスト』（NPO TOSS）

授業への講師コメント ~ 谷 和樹氏

この授業内容はよいですね。今、現職で小学校にいれば、絶対にこれをやりたいですね。授業だけではなくて、全国各地の子供会活動とか子供教室とか、そういったところでも広がっているようです。ノリノリになりますよね。いろんなところで広めていただきたいです。

授業を子役で体験した教師のコメント ~ 柳町 直氏

当時、学生だった私がT2役としてステージでお手本を踊りました。桑原先生の指示がとても心地よくて、スーッと体に入ってくるイメージでした。また、「バザバサ」とか「ゾウ」などの思い浮かべやすいキーワードで、抵抗なく踊りに没入していました。ニャティティソーランは、つい踊りたくなるという魅力があります。

7 リズム感を育むニャティティソーラン

Q1：全部のパーツを教えてください。

A：以下が全11パーツです。

1　　前奏（前半・後半）
2　　ケンケンくるりんパ
3　　ワキワキポーズ（男踊り・女踊りあり）
4　　1、2、3ステップ
5　　ティンギーザ①（男踊り・女踊りあり）
6　　ティンギーザ②上下
7　　ソソウェーソソ①（男踊り・女踊りあり）
8　　ソソウェーソソ②（男踊り・女踊りあり）
9　　右左グイグイグイ
10　　右左タタタン、タタタン
11　　エンディング

　この11パーツを組み合わせて構成されています（詳しくは指導用テキストを参照ください）。パーツ内容にあるように、オリジナルには男女で違う踊りを行う場面があります。

Q2：およそ何時間扱いでマスターできますか？

A：3時間です。

　全11パーツを3ブロックに分けて、1時間ずつ指導します。そうすると、一通り踊れるようになります。隊形移動などのアレンジ指導が必要な場合は、プラス1時間が必要です。

Q3：子供たちの感想を聞かせてください。

A：興奮して話していました。

　「先生、ニャティティ好き！」「自然に体が動き出す！」「なんか、楽しそう！」「リズムが気持ちいい。のりやすい！」などです。普段は感想をあまり言わない子供も、「楽しかったです」と言ってくれました。

Q4：熱中のエピソードを教えてください。

A：単元を終えても踊りたがります。

　クリスマス会が企画されたときに、その内容に「ニャティティソーラン踊る」が入りました。踊りが楽しくて、みんなで盛り上がれるからという理由でした。
　3月のお別れ会には、クラス解散を迎えるにあたり、1年間の思い出に「ニャティティソーラン」は外せないという意見が多数を占め、実際に熱狂的に踊っていました。
　強烈な印象と何度も踊りたくなる魅力があるようです。

Q5：低学年の実践で、桑原先生がオリジナルの踊りから変更した（工夫した）踊りを教えてください。

A：大きく4つあります。

①かまえからの8で立ち上がり
　これを、ライオンが「ガオー」と吠えているようなイメージで、しゃがみこみから素早く立たせるようにしました。「始まるぞ！」というスイッチの役割にもなりました。

②ジャケット
　オリジナルは、両手でジャケットを脱ぐ動きです。ですが、低学年にはイメージがしにくかったので、花が開くイメージに変えました。「お花〜」「お花〜」と言いながら、なめらかで綺麗な感じに手で表現させました。

③ワキワキポーズ
　ワキワキポーズを、バード（鳥）とハット（帽子）に置きかえました。バードでは、鳥の羽の動きを両腕でバサバサと動かして表現します。ハットは、帽子をかぶるしぐさをイメージしていますが、鳥が敵を射止めようと静かに狙っているという状況に例え、「鋭い構え」を意識させました。

④ティンギッサ
　オリジナルではしゃがみ込む動きであり、見所の1つです。ですが、教えていた低学年には体力的に厳しいという子供の実態から、動き自体を変更しました。アフリカの動物、「ゴリラ」と「ゾウ」の動きに変更しました。見ていた上級生や保護者が、その踊る姿を見てかわいいと言っていました。

7 リズム感を育むニャティティソーラン

Q6：動きを高めるコツを教えてください。

A：「5つのS」です。

①Sharp：するどく

「針先のように」「新幹線の速度」といった、指先を鋭く伸ばす、目線を鋭くなどの動きをイメージさせます。だらっとした緩慢な動きを打破することにもつながります。

②Strong：強く

強弱のメリハリにつながります。力強い動きは。見ている人に迫力が伝わります。地団駄や握り拳などで、動きに力を込めて踊ります。

③Speed：速く

緩急のメリハリを意識します。早送りのように素早く動いたり、スローモーションのようにゆっくりと動いたりします。大人数でシンクロさせるなど、使う場面が想定できます。

④Smile：笑顔

喜怒哀楽の表情の1つである笑顔は、特に見ている人をひきつけます。子供らしく楽しそうに、笑顔で踊る場面を生み出す構成も必要です。

⑤Simple：単純

凝りすぎた動きや移動は子供たちの動きを忙しくし、小さな動きに陥りがちです。見ている人にも何の動きなのかが伝わりにくくなります。無駄を省いて、シンプル化することで伝わりやすくなります。

第3章

競い合う楽しさ！子供を熱

ルール

1 バトンパスが上達するリレーの工夫
2 どの子もシュートができるようになる
　バスケットボールの指導
3 ボール操作力を高めるバスケットボールの訓練法

中させるづくり

いい指導言は子供の笑顔の知って、子供の重要

- 4 能力差を超えるタグラグビーのチーム・ビルディング
- 5 個別最適化と協働的学びを実現するなわとび運動
- 6 運動量を確保するベースボール型運動

1 バトンパスが上達するリレーの工夫

運動系	陸上運動
基礎	全力で一定の距離を走る
目標	滑らかなバトンの受け渡し
コツ	トップスピード。受け渡しの練習システム構築

新学習指導要領への対応ポイント

① **知識及び技能**：短距離走・リレーの行い方を理解するとともに、一定の距離を全力で走ったり、滑らかなバトンの受渡しをしたりすることができるようにする。

② **思考力、判断力、表現力等**：自己の能力に適した課題の解決の仕方、競走や記録への挑戦の仕方を工夫するとともに、自己や仲間の考えたことを他者に伝えることができるようにする。

③ **学びに向かう力、人間性等**：短距離走・リレーに積極的に取り組み、約束を守って助け合いながら運動をしたり、勝敗を受け入れたり、仲間の考えや取り組みを認めたり、場や用具の安全に気を配ったりすることができるようにする。

授業の流れ

「指導言」全文 / 授業者による解説

1 バトンに触る・バトンを渡す

　バトンは1人1本です。体育館の中を一周します。心地よい自分のペースでOKです。

　バトンはどちらの手の方が持ちやすいですか？　走りながら両方体験してください。バトンは下のほうを持ちます。（各々試す。）

　中央に集まります。次は腕を振って、バトンパスをする練習です。2人組になります。お互いに左足を前にして（腕を振りながら、後ろの人が）1、2、3、4、5、6、7、8。8のときに、前の人は右手を後ろに出す。後ろの人が「はい」と言って渡す。

　このときに、足を軸にして回れ右をします。（前後が逆になる。）

経験回数の確保。

☞ バトンは1人1本準備する。
☞ 足りない場合には、ラップの芯などを代用するとよい。
☞ バトンを持ちながら走ることに慣れさせる。
☞ リレーでは、握力が非常に大事である。本番でバトンを落とすのは、握力が低い、経験値が少ないということも要因の1つとなる。たくさんの人の前でのリレー時に、それは避けたい。

また「1、2、3、4、5、6、7、はい」と、もらいます。バトンは持ち替えてもかまいませんし、右手のままのほうが渡しやすい人はそのままでよいです。この段階では、どちらでもいいです。

　　　1、2、3、4、5、6、7、はい。
（実演。）

　クルン（回れ右）。1、2、3、4、5、6、7、はい。必ず待っている人も腕振りをしないと、練習になりません。当然、走っていって、最終的にもらうわけだからです。もらう人も腕振りをして、「はい」のタイミングで手を出すという練習をします。はい、では2人組を作って。どうぞ。
（子役、2人組を作って試す。）

| 効率よく行うバトンパス練習。

☞ 2人1組になり、その場で渡す人ともらう人の向きを変えることで、何度も繰り返し練習することができる。

☞ 声を出す。声を相手に届ける練習にもなる。

運動会の場合には声援の声やBGMの音楽が響いていて、かき消されてしまうことがあります。だから、大きな声で「はい！」と言う練習が必要となります。

2　距離を離す

　次に、バトンを「渡す距離」が問題になってきます。お互いに「綱引き」をしているようなイメージで、2人の手が真っ直ぐになっているほうが最短で渡せます。距離が近いと近づかなければいけない分、時間をロスします。1秒でも速く、コンマ何秒でも速く渡さないといけないので、（距離を離して）ギリギリで渡すことがベストです。

　お互いに「距離はどこまで離すのがいいか」を決めてから「1、2、3、……」をもう1回やります。はい、どうぞ。
（子供、ギリギリ「距離を置く」練習。）

　いいですね。上手です。

| 利得距離を稼ぐ。

☞ 利得距離とは、走らなくてもバトンを移動させることができる距離のこと。これが長いほど有利になる。

☞ 利得距離を稼ぐために、腕を前後に伸ばしてバトンパスを行う。

3 もらう人は右手、渡す人は左手

バトンを受け渡す手は、右と左とどちらがいいか。様々な方法がありますが、今回は「もらう人は右手、渡す人は左手」の方法で練習します。

バトンを渡す人の動きです。右手で持ってくるとなると、走ってきたら当然、もらう人の真後ろに来るので体にぶつかりそうになります。左手に持ち替えてから渡しますと教えなければなりません。さらに、「渡した後に横並びになる」状態を教えます。渡した後に、横に並ぶ。すると接触を防ぐことができる、だから左手がいいよという考えです。こう走ってきて、こう渡すとこうなる（ぶつからずに追い越せる）わけです。もらった人が前に行ってから、渡した人はコースの内側に外れるわけですね。

では、右手と左手を意識してやってみましょう。渡す人は左手。もらう人は右手。渡す人は左手で。
（子役、練習する。）

皆さん、体が硬い人がいるから、右手をあげてね。そうそうそう、一直線で。
（子役、右手を水平に上げる。）

いったん、ストップです。ちょっと歩きながらやってみましょう。A君、来て。もらう人がA君。渡す人、先生。渡す人が真後ろから来たらダメなのです。真後ろに来ちゃったら、渡したところでぶつかります（笑）。渡す人は、ぶつかりそうになるので、自然とスピードを緩めて調整します。トップスピードでなくなってしまいます。だから渡す人は、相手の右側に走っていかないとダメだよ。もらう人は、

バトンパスにはオーバーハンド（高）とアンダーハンド（低）があるが、基本的にオーバーハンドで教える。

☞ 最初の段階では、前方の人が後ろを向いてバトンをもらっていい。そのうちに、「見ないで（前を向いたまま）もらう」練習に進化させていく。

☞ 渡す人は、必死になると前の人に向かって正面の走路位置を取りがちである。

☞ 正面だと渡す直前にスピードを緩めてしまい、トップスピードが保てない。

☞ そこで、並ぶように渡す走路位置を覚えるのである。

1 バトンパスが上達するリレーの工夫

立ち位置が(コース内の)左側になります。2人がズレて並ぶのです。はい、ちょっと、また走ってみて。
(子役、「ズレ」を意識して練習する。)

4 走りながら練習するためのしくみ

　バトンを戻してください。真ん中の黄色い線に並びます。1番手の人はバトンを持って、向こうの白い線(体育館の端)に行く。白い線からスタートする。それで、2番手の人が黄色い線(体育館中央)に立って1番手を待ち構えます。3番手の人が、3、4、5の人がこちら側の黄色い線(走路から離れたところ)に、3、4、5と順に座って待機します。

　2番手は立って待つ、3、4、5はこっち。1番手が走ってきますね。2番手はバトンをもらいます。

　では、今のバトンパスを、ゆっくりでいいのでもう一度やります。1番手は走っていって渡します。2番手はバトンをもらったら、向こうの白い線(反対側)まで走ってから振り返り、再スタート。3番手が黄色の線で、コーナートップ制のように出て待機します。走り終えた1番手は、5番手の後ろに並びます。すると、エンドレスにバトンパスが続いていきます。やってみましょう。スタート。
(子役、バトンパスの練習をする。)

　渡した人(1番手)が(5番手の)後ろ。3番手が立ちます。2番手は、壁まで行ったらスタート。
(子役、再度練習する。)

　1番手がもらうところに一周したら、終了します。

> **小チームによるバトンパス練習法。**
> ☞ この方法は、伴一孝氏に教わった実践である。
> ☞ バトンの受け渡しが、体育館中央付近に固定化する点がポイントである。
> ☞ 中央を軸に、走者は体育館の端まで走り戻ってきてバトンパスをする。
> ☞ その間に、次にバトンをもらう人が中央に出る。バトンゾーンに立つ練習にもなる。
> ☞ さらに、個別評定が可能となる。時間差でスタートさせるのがポイント。
> 　3チームあるとすると、Aチームがスタートし、バトンを渡したところを評定する。Bチームは、Aチームのバトンが渡った瞬間に、スタートする。教師は、中央のバトン受け渡し場所をBチームに移動する。バトンを渡したところを評定し、その瞬間にCチームがスタートする。次はAチームの2走者がスタート……といくシステムである。
> ☞ 時間差を作ることで、教師が全員を評定することができる。この伴実践を知った際には、目から鱗であった。

1番手から2番手

2番手から3番手

5 ネズミとネコ

2列になります。2人組で向かい合います。向かい合って座ってください。

立ちます。向かい合って、前へならえ。その距離を保ちます。

こっち、右手（挙手させる）。「ネズミ」です。こっち（反対側を挙手させる）、「ネコ」です。先生がネズミと言ったら、ネズミの人がネコの人を追いかけます。言われないほうが逃げます。壁まで逃げたら勝ち。言われた方は

| 楽しくダッシュの練習。

☞ 「ネズミとネコ」は、楽しい運動遊びである。誰でもできる追いかけっこである。

☞ 走力差があまりにもあると、結果が見えているので、意欲を損ないがちである。軽減するために、「走力順に並んでおく」「数回でペアを変える」といった配慮が必要な場合がある。

☞ アレンジとして、「タコとタイ」「イカとイルカ」「サケとサメ」など言葉を変えてみても楽しい。

☞ ポイントは、瞬時に追うか逃げるかを判断し、ダッシュすることである。

☞ トップスピードにいち早く持っていく練習へと声かけで意識づける。

1 バトンパスが上達するリレーの工夫

壁に着く前に相手をタッチできたら勝ち。

　確認します。ネズミ！
(「ネズミ」側、挙手。)
　ネコ！
(「ネコ」側、挙手。)
　覚えたかな？　いきますよ。ねーねーねー、ネズミ！
(ネズミの列、追いかける。)
　ねーねーねーねーねー、ネンド！
(子役、騙される。)
　はい、いいよ(笑)。ねーねーねーねーねー、ネコ！
(子役、追いかけっこ。)
　いいね〜。今度は、相手とつま先同士をくっつけます。はい、いくよ。ねーねーねーねー、ネコ！
(子役、追いかけっこ。)
　ねーねーねーねー、「ね！」ねーねーねーねー、ネズミ！
(子役、追いかけっこ。)
　はい、タッチできた人？　素晴らしいねぇ。

6　タッチ追いかけ走〜肩タッチ

　今のようなスピードで走ることを「トップスピード」と言います。言ってみましょう、はい。
(「トップスピード」)
　今日はトップスピードで走ります。今度はネズミ組。ネズミ組が壁のほうを見ます。はい、そうですね。ネコ組、もうちょっと下がりましょう。はい、ここから見ていてね。じゃあ、A君、来て。A君、相手の右側を目指して走って行きます。すれ違います。そして、左手で肩をタッチします。タッチしたら逃げます。
　タッチされた人は追いかけます。追いかけた人がタッチできるか？　タッチした人が逃げ切れるか？　いきますよ。後ろを見ていたらダメだよ。前を向いて待ちます(笑)。タッチされたら走り出します。いきますよ。用意、ドン！

> トップスピードで行うバトンの受け渡し。
>
> ☞ 浜井俊洋氏の論文をもとに、授業化・追試した。
>
> ☞ 「本番の走りだけではなく、バトン練習の時点からトップスピードでいきましょう」という実践である。
>
> ☞ この実践に取り組むと、これまで棒立ちでのバトンパス練習だった状態から、下記の写真のように、全員が本気で走る姿勢に変容した。

（ネコ組、走り出す。）

左手でタッチ！

> 変化のある繰り返しで行う追いかけ走。
> ☞ 肩タッチから手の平タッチへと変化させる。
> ☞ その形は、バトンの受け渡しの形に似せていく。
> ☞ 自然と2人が横並びになることで、衝突によるけがの防止にもなる。
> ☞ 自然に、声かけができているペアを教師は見取り、ほめていく。
> ☞ 常にトップスピードで走ることを忘れないよう、声かけをする。

もう1回やりましょう。タッチされた瞬間、トップスピードだよ。左手でタッチします。用意、ドン！

（ネコ組、再度走り出す。）

いい感じ、いい感じ。今度、ネコ組のほうがここ（体育館の中央の線上）にいますね。ネズミは青い線から。いきますよ。今と同じにね。今度はネズミ組が行きますよ。相手の右側を左手でタッチしますね。いきますよ。用意、ドン！

（ネズミ組、走り出してタッチ。）

そうそうそう。もう1回いきますよ。用意、ドン！

（ネズミ組、再度走り出してタッチ。）

はい。追いかけた人で、タッチできた人いますか。おっ、それはすごい。いいですよ。中央に戻ります。

7　タッチ追いかけ走〜手の平タッチ

今タッチしたのは、肩でした。今度はこちらの人（ネズミ組）が右手を横に出します。右手を。親指は下。いいですか。ネコ組の人は相手の肩じゃなくて、手の平。手の平にタッチして逃げます。はい、いきますよ。用意、ピッ（電子ホイッスルの音）！

（ネコ組、走り出す。）

はい、もう1回いきますよ。上手です。ピッ。

1 バトンパスが上達するリレーの工夫

☞「手は真横」「親指は下」。バトンをもらう人が手を横に出すと水平に出しやすい。よって、肩を上げた高い位置でバトンパスができる。

(ネコ組、走り出す。)

　手で〜、タッチ。今度はネズミから。ネコは右手を横に出します。右手は真横に出してね。真横に横出し。親指は下。追いかける人は左手でタッチ。左手でタッチ。ピッ。
(ネズミ組、走り出す。)

　もう1回いきますよ。上手。タッチするときに「はい！」とか「タッチ」とか声を出している人、とってもいいですね！ピッ。
(ネズミ組、再度走り出す。)

　はい、上手です。最初のところへ戻ります。

8　マーク追いかけ走

　今度は、タッチされた人。追いつかないでしょ？　そうすると不公平な気がするので、「リード！」と言って逃げていいです。例えば、この床のここ(印)、A君、ここ(印)に相手が来たときに、はい、右手を横に出して、こういうふうに。
(2人で実演する。)

　<u>どっちもトップスピードでタッチができるか</u>、です。いきますよ。ピッ。
(ネコが印を越したら、ネズミは「リード！」で逃げる。)

　今やったことについて、ペアとコミュニケーションをとってね。速いとか遅いとか。そしたら、もうね、先生の笛の合図がなくても、ペアで「行くよ」と言ってあげてくだ

自動化する。
☞ バトンパス練習の型を学んだ子供たちは、この段階では、もう自分たちで練習ができる。子供たちに時間を預けるバランスは、習熟するために重要なパーツである。
☞ 子供たちで行うためには、自然と声を掛け合うコミュニケーションが必要となる。大切な経験である。

さい。はい。
（子役、笛がなくてもスタートする。）

　バッチリ。じゃ、反対側も行くよ。反対側も2、3回やろうね。もう、これからは笛なしでいいですよ。手は真横。親指は下。右手は上げている。下がらないように。高いところで。真横で。真横の高さで。いいでしょう、はい。
（子役、自主的にスタート。）

⑨　バトンの前の指導（お手玉を渡す）

　座ります。ネズミ組は、ビブスを着ます。
　ネコ組、お手玉を回します。1個取って、次の人に回してね。どんどん回します。
（1人1個になる。）
　次は手でタッチから、お手玉を渡すことに変えるよ。右手に押しつける感じ。ペアそれぞれのタイミングで始めます、どうぞ。1人2〜3回やってみて。
（子役、自主的にスタート。）
　トップスピードです。上手。お手玉を戻してね。

お手玉をバトン代わりに渡す。
☞ お手玉を使用するメリットは、「相手の手の平に押しつけやすい」点である。
☞ この押し付ける行為が、バトンをしっかりと渡す行為への練習となる。

1 バトンパスが上達するリレーの工夫

10 バトンでの練習

　お手玉を戻して、バトンを取ります。今度はバトンね。このあと、リングバトンをやったということにします（この日は割愛）。リングバトンをやってから、バトンに入った方がスムーズです。同じですよ。左手で持ってね。同じく距離をとって、それぞれ練習。距離を相談しながら、どうぞ。
（子役、自主的にスタート。）
　バトンを押し当てるイメージだよ、トップスピードで。手は横に出す。そうそうそう。
（子役、自主的にスタート。）
　はい、いいでしょう。ゼッケン側からバトンパスね。個別評定をします。こちら側（手前）、1ペアずついきます。前のペアがバトンパスして「合格！」「残念！」とか先生が言ったら、同時に次の組がスタートします。さあ、こちらから。はい、どうぞ。
（子役、1ペアずつスタート、個別に評定をしていく。）
　はい、合格。
　はい、いいですね～、合格。
　はい、合格。うまい、うまい。
　はい、合格。押し付けて。
　B君、バトンの真ん中を持たない、バトンの端を持つ。真ん中を持ってしまうと、次に渡すとき、渡す部分が短くなってしまって、渡しづらくなります。

| バトンでの練習。 |
☞ この段階になると、教師がくどくど説明しなくても、子供たちは練習できるので、早く始めさせる。

| 個別評定でレベルアップ。 |
☞ 個別評定をすることで、自分たちはできている、上手だと満足していた状態から、もっと練習しないと！と、真剣さが増す。
☞ 個別評定をする観点には、「トップスピードであるか？」「手が伸びているか？」「2人の距離感は適正か？」などがある。
☞ しかし「1点だけ」評定することが重要である。1点だけ見るから、次々とテンポよく評定ができる。

11 全員でバトンパスの練習をするシステム

　全員が一斉に走る順番で、バトンパスの練習をするシステムを紹介します。全員立ちます。ゼッケンありの人は、ゼッケンなしの人の間に入ってください。1列になります。前から番号を言います、「1」「2」「3」「……」。誰からもらって誰に渡すか、前後の人の顔を覚えておいてね。じゃあ、今ゼッケンを着けていない人（奇数・渡す側）がバトンを持ちます。

| 練習システム。 |
☞ チームで練習する場合は、以下のシステムを導入するとよい。浜井氏の実践である。
☞ 受け手と渡し手は、いつも同じ相手となるので、バトンパスの習熟が早くなることがメリットである。

173

ゼッケンを着けている人（偶数・もらう側）は、真ん中に立ちます。1番、ここ（体育館の左壁近く）。3番、反対（体育館の右壁近く）。5（左）、7（右）、9（左）、11（右）、13（左）、15（右）、……。いきますよ。誰に渡すか覚えていますね。奇数から偶数ペア、一斉にバトンパスをします。1から2、3から4……です。バトンのもらい方を確認してね、そうそうそう。右手横。右手横ね、親指下。はい、いきますよ。どうぞ、ピッ。
（全員がバトンパス。）

　はい、分かったかな？　奇数から偶数に渡していくわけです。さっき並んだ順番で。もう1回戻して、もう1回やってみます。はい、どうぞ。
（全員がバトンパス。）

　もらったら、もらった偶数が体育館の端にいます。渡し終えた奇数は真ん中です。いいですか？　一番後ろの奇数が一番前に来てください。一番前に、奇数。そうすると、渡す人が今度は偶数だから。2から3、4から5……。確認して、確認して、確認して。はい、いきますよ。ピッ。
（全員がバトンパス。）

　そういうことです。速いです。このようにやると、全員が一斉にバトンの練習ができます。必ず自分のチームの次の走者に渡すシステムが生まれます。一番後ろの人は一番前。これでローテーションができて、ぐるぐる回っていきます。実際の走順の人同士で、バトンパスの練習ができるというシステムでした。

　ぜひ、やってみてください。

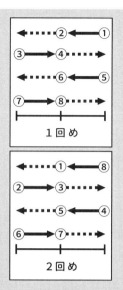

☞　1列になって走順を確認する。
☞　自分の走順が偶数か奇数かを確認する。

☞　初めはバトンを渡す人（奇数走者）が、体育館の両端から走る。
☞　バトンをもらう人（偶数走者）は、中央に位置取る。右端と左端どちらから渡す人が走ってくるのかを確認する。ここを確認しないと、混乱の要因になる。

☞　次は、偶数から奇数となる。

1 バトンパスが上達するリレーの工夫

▶教材研究×基礎知識：向山型トップスピードリレー練習法の原実践～浜井俊洋氏

「運動会」の種目に「全員リレー」があると、それに向けての練習や話し合いでクラスが大いに盛り上がることだろう。その盛り上がりを成果に結びつけるための、向山型で行うリレー練習法である。

言うまでもなく、リレーのポイントは「時間ロスの少ないバトンパス」である。そこで、「その場のバトンパス→ゆっくり歩きながらバトンパス→ジョギングしながらバトンパス→スピードを上げてバトンパス」という練習がよく行われる。

しかし、この練習では、リレーが始まると子供は競走に夢中になり、練習したことがらはどこへやらという状況になってしまうことが多い。それは、子供の意識の置き場所が違うからである。

小学生の場合、「バトンパス」に意識を置かせるのではなく、「いかに早くトップスピードになって走るか」に意識を置かせた方がよい。「バトンパス」は、その過程で行われる一部分と考える。そして、「スタートするタイミング」に「限定」して練習させる。

——『楽しい体育の授業』明治図書、2007年9月号／10月号

授業を子役で体験した教師のコメント(1)　～村田正樹氏

これまでは、たくさんバトンパスの機会を増やそうと取り組んでいたが、その技術向上に焦点が行き過ぎ、トップスピードの意識が低かった。
「タッチ追いかけ走」や「マーク追いかけ走」といった練習ステップは、大変効果的だと思いました。

授業を子役で体験した教師のコメント(2)　～加藤三紘氏

桑原先生が教えられた「もらう人の立ち位置と渡し手の走るルート」について、言われてみるとその通りだと実感しました。子供たちは、進行方向が一直線上になってしまいがちです。クラスの子供たちに、衝突の危険があることも話しました。
また、エンドレス型のバトンパス法は、全員リレーの練習法に悩んでいたので目から鱗でした。

Q1:浜井先生の実践への経緯について教えてください。

A:バトンパスのタイミングが合わないという状況からです。

　リレーというと、バトンパスの練習をたくさんさせることが想起されます。立ち止まっての受け渡しやジョギングしてのバトンパスなどです。しかし、いざ本気のバトンパスをすると、走るスピードが速くなるためにバトンパスのタイミングが合わなくなります。この点に悩んでいたときに、昔読んだ浜井俊洋氏のリレー指導の論文を思い出しました。教材研究ノートに論文コピーが貼ってありました。トップスピードをキーワードとしたその指導は、私の悩みを解消する内容でした。

Q2:桑原学級の記録を教えてほしいです。

A:6年生34名の全員リレー、6時間の指導で、29秒記録が縮まりました。

以下が記録です。

1回目　5/24（1クラスのみ）	8分38秒
2回目　5/28（4クラス競走）	8分35秒
3回目　5/30（4クラス競走）	8分23秒
4回目　5/31（1クラスのみ）	8分24秒
5回目　6/1（4クラス競走）本番	8分09秒

トップスピードをキーワードとしたバトンの受け渡しの効果が実証されました。

Q3:その6時間の内容を教えてください。

A:今回紹介した模擬授業を基に構成しました。

時数	1	1	1	3
学習内容	①追いかけゲーム ②タッチによる受け渡しの練習	①タッチによる受け渡しの練習 ②ものを使った受け渡し（お手玉・リングバトン）	①ものを使った受け渡しの練習 ②もらう人がマークから走り出す練習 ③バトンによる練習 ④タイム測定	①バトンによる練習 ②個別評定 ③タイム測定 ④記録を基に話し合い ⑤バトンゾーンの活用（位置をペアごとに変える）

1 バトンパスが上達するリレーの工夫

> Q4：バトンの数が少ないです。何かアイデアはありませんか？

> A：ラップの芯にテープを巻いて自作します。

　アルミホイルやラップの芯（ボール紙）を使用します。長さが丁度よいです。それだけでは素材が弱いので、ガムテープなどをグルグル巻きにします。図工と合科し、デザインをして作成すると、また楽しみが増えます。

> Q5：バトンパスにはオーバーハンドパスの他に、アンダーハンドパスがあります。どちらに取り組ませたら良いですか？

> A：目の前の子供たちの実態に合わせます。

「オーバーハンドパス」：次走者は、後ろに手の平を向けて腕を伸ばし、前走者が前に押し出すようにしてバトンを渡す技術です。走者間の距離（利得距離）を長くとれる利点がありますが、次走者は腕を後方に高く上げるので、やや走りにくい面があります。

「アンダーハンドパス」：次走者は、腰のあたりで手の平を下に向けて構え、前走者が下からバトンを押し込む技術です。アンダーハンドパスと比べて利得距離が短くなりますが、次走者はランニングに近いフォームで受け渡しをするので、走りやすくなります。また、ほぼ手渡しになるので、バトンを落下させる危険性が低くなります。

　学習指導要領には、「かけっこ・リレーでは，調子よく走ったりバトンの受け渡しをしたりすること」と明記されています。これが目的であり、その方法は様々あってよいと考えます。

　子供たちに両方体験させる、片方を習熟させる、どちらかを選択させる……といったように、目の前の子供たちの実態に合わせて教師が選択します。

2 どの子もシュートができるようになるバスケットボールの指導

運動系	：	ボール運動
基礎	：	ゴール型ゲーム
目標	：	ボールを操作する動きの習得を図る
コツ	：	思考しながら技能を磨く場づくりや指示・発問

新学習指導要領への対応ポイント

① **知識及び技能**：基本的なボール操作を習得し、ボールを持たないときに空いている場所に素早く動くことによってゲームができるようにする。

② **思考力、判断力、表現力等**：基本的なボールの操作について多様な方法を考えたり、その方法を友達に伝えたりすることができるようにする。

③ **学びに向かう力、人間性等**：友達の動きや考えに助言し合ったり、認めたりすることができるようにする。

授業の流れ

「指導言」全文　　　　　　授業者による解説

1 効率的な準備

バスケットボールをやります。

早い者順に（倉庫前を指して）2列で並んでください。（ボールをバケツリレーで渡す。）

一番後ろまで送った人は、ボールを持ってシュートしにいってください。どのゴールを使ってもいいです。よーい、スタート。

<u>4つのゴールすべてにシュートをしていきます。ゴールすべてにシュートをしたら集まります。</u>入らなくてもいいんだよ。（徐々に集まり出す。）

はい、早いね。何回入りましたか？

すばらしいですね。

> 安全なボール渡しから流れるようにシュート練習を行う。

☞ 置いてあるボールを取りにいくことにもシステムと安全性が必要である。

☞ 全員がボールを持ってから次のシュート練習に移るのではなく、ボールを持った人からシュート練習をすることによって空白禁止となり、授業が流れることにつながる。

2 ドリブルの「手」をつくる

　最初に、ボールつきをやります。ボールをそのまま床に置いて、ちょっと中腰になります。お尻を上げます。ここからボールを手の平で叩いて、バウンドさせます。もち上がりますか？　1人立ち上がった！　難しいね。できた人は左手、反対の手でもどうぞ。すごい、すごい。オーできた、できた！　すばらしい。OKです。できた人？　できなくてもね、練習することが大事です。ボールというのは、強く叩かないと弾まないということです。

　また、ボールを友達だと思ってドリブルします。決してこのように、ペチン、ペチンとはたたきません。友達とは仲良くしますから、一緒にいる時間を長くします。一緒にいる時間を長くするということは、できるだけボールが手にくっついているようなイメージでボールをつくわけです。では、立ってどうぞ。練習。右手でやったら左手でもやってみて。

巧みなボールの操作につながる準備運動。特に、ボール遊びの経験が浅い子供に取り組ませたい内容である。

☞ 手とボールの距離について知る。
☞ 右手で取り組んだら左手も行う。
☞ 「ボールとお友達」というイメージを持たせる。

3 「顔」を上げるための指示

　はい、ストップです。みんな、上手です。では、ドリブル中に先生が指で数字を出しますから、その数字を言ってくださいね。ドリブル。はいどうぞ。ドリブルがゆっくりになっていますよ。(1、5、4、2、3……)素晴らしいね。

　今のドリブルを、仲良しドリブルでも体全体を大きく使って行います。大きく、大きく、腕を回すように。膝も使ってね。わざと大きく回すように。右をやったら左もやりますよ。そうですよ。はい、OKです。

巧みなボール操作につながる練習。顔を上げてドリブルができることで、その次の動きであるパスやシュート、ドリブルなど、選択の幅が広がる。

☞ 「顔を上げて」と直接的な指示ではなく、「指で示す数字を言って」という指示で顔を上げざるをえない状況をつくる。

- 友達同士で、いつでも練習ができる。
- 数字をアレンジして、じゃんけんをしたりするなどの工夫するとよい。

4　コピードリブルで動きをつける

　2人組になります。3人でもいいよ。コピードリブル。じゃんけんして、勝った人が先頭。負けた人がドリブルしながら後ろをついていきます。前の人から離れないでね。前の人は、あまり後ろの人が離れてしまったら、止まってあげます。では、じゃんけんをして始めて。はい、どうぞ。場所を広く使ってね。

　では、先頭を交代！　ちょっとスピードを上げられる人は、そうしてね。交代。右を使ったら左も使ってね。はい、座ります。とっても上手です。

「顔を上げる」から「動きながら顔を上げる」という変化のある繰り返しに変え、習熟を図る。

- ドリブルをしながらボールを見るのではなく、前の友達を見ないとついていくことが難しいことを知る。
- くり返し体験することで、ボールをあまり見ずにドリブルができるようになる。
- 慣れてきたら、ドリブルでボールをつく手を片方ばかりではなく反対の手も使うように指示する。

5　多様なパスの練習

　続いて、パスの練習を行います。違う2人組を作りましょう。ボールを1個にします。向かい合います。狭かったら2列になってもいいです。座りましょう。

　最初は、パスの練習の下投げです。下でとります。下でとって投げる。はい、どうぞ。ふわっと投げた方がいいよ。はい、OKです。

次は、もっとふわっと投げるために、最初の位置を、股のここまで下げた位置から投げ上げます。できるだけ高く。はい、どうぞ。片手でもいいからね。上手！　うまいね！　OK です。

| 様々なパスを体験させる。体験しないとゲーム中に使う頻度が低くなる。パスの引き出しが多くなると、ゲームでも思考して選択する幅が広がる。 |

☞ 全身を使う。
☞ 右で投げたら左、高いと低い、速いと遅いなど、対照的な動きを取り入れる。
☞ 捕り方も同時に習熟させる。

6　全身を使うパス

全身を使う。これは大切なキーワードです。

次はチェストパス。このパスの投げ方はしない（ボールを投げ上げる振りをして頭よりも高く上げ、胸の位置にボールを戻す）のですが、分かる？　パスをしない、パスをしない、パスをしないで投げます。はい、OK です。

胸の位置からスタートさせるのは難しいから、予備動作が入るということです。その方が、スムーズにパスできます。

さらに、もっとパスの精度を上げていきます。正面で捕ったらそのまま腕を前に出します。そのまま。押し出す。押し出す。はいどうぞ。

捕ったら押し出す、捕ったら押し出す。押すだけ。上手い、上手い！　上手な人は、手の甲が内側に向き、蜘蛛形の手になります。それは、最初から教えなくてもいいです。自然にできている子を見つけて、内側にするといいパスになるよと教えてあげる。声をかけてね。はい、OK。座ってね。

このチェストパスでも、肘が伸びない子がいますから、もっときちんと伸ばしたい。その練習です。2人が近づき、向かい合い、ボールを押し合う。手を伸ばして受け取る。押し返す。はい、1、2、3、4、5……10。20回やりましょう。よーい、スタート。肘がきちんと伸びていることが大切です。

| 肘の曲げ伸ばしからのチェストパス。 |

☞ 指導をしないと、ドッジボールで相手にボールを当てるようなオーバースローでパスをしている子供を見かける。
☞ 「肘の曲げ伸ばし」をこのようにしっかりと体験することで、スピードに乗ったチェストパスができるようになる。

7 自然にチェストパス

足はどうしますか？ 2人で予想してごらん。もう1回チャレンジしてみて。
（それぞれ試す。）

そうですね。相手がいる方向に足を出す。では、競争しますよ。20回できたら座ります。用意、ピー。1番！ 2、3、4位です。

では、2人が離れます。今のように、肘を伸ばすのがチェストパス。足も出す。どうぞ。肘が伸びるはずです。急にプロっぽくなって、かっこいいね！ 次は、20回行きますよ。よーい、スタート。1番！ 2番！ 速い。素晴らしいね。

> 競争を随所に取り入れることで、スピード感が増す。学習意欲が高まるなど効果が見込める。

☞ 1番、2番……と順位を告げる。
☞ 負けにこだわる子供がいたら、フォローの声かけをしたり、テンポよく次のゲームに移行したりして気分を切り替える。

8 片手パス

片手で投げるパスがあります。片手で投げるパスの練習に入りましょう。相手に対して横向きになります。横向きになって、顔の横です。両手で持っても構いません。そして、投げます。肘を伸ばすのは先程と一緒です。両手で持つ人は両手で。片手で持つ人は片手で。できるだけ大きく。右で投げたら左でも投げます。視線が外れると難しいよ。相手の目を見ながら投げます。ストップです。

> 「ガオーのポーズ」で投げる姿勢を教える。ライオンが獲物狩りをするイメージ。両手を肩より高く上げて、爪を立てるポーズをとり、投げない手の方は降ろす。爪を立てた手にボールを持ち、引っ掻くように鋭く投げおろすことで、力強く投げる姿勢を覚える。

☞ 「ガオー」と声を出してイメージを深める方法もある。
☞ 投げたボールが手前でバウンドすると、離すのが遅いことを教える。
☞ 高学年の場合、45度の高さに投げると、高く、遠くまで投げることができることを教える。

9 個別指導を全体へ

最後に相手に届くところでボールの切れが違う。そのパスはどうするかというと、手の平で最後は「ぺし」。
（スナップをきかせる仕草を例示する。）

2 どの子もシュートができるようになるバスケットボールの指導

こうやって「ぺし」。構えておいて、最後に「ぺし」。(一同、キレに驚く。)

いいボールを投げていたら、相手をほめてあげます。左で投げた人は、右でも投げます。

10 シュート練習

ボールを2人で1個にします。次は、シュートの練習です。シュートは、パスをもらったらすぐに打ちます。すぐにパスをしないように。自分がシュートをする癖をつける練習をします。

ボールの軌道は、高く上にあげます。合言葉は、(捕球からシュートまでを素早くする例示をしながら)「捕ったらシュート」。少し動いてもいいよ。はい、どうぞ。できるだけ高く。はい、座ります。

○○さんを見てください。はい、どうぞ。ボールが回転しているのが分かりますか? 回転しているね。上手です。コツは何ですか? 昔だとネッシーのポーズ、今だとアルパカのポーズです。手首で角度をつくって、このようにする。今やったシュートは、ワンハンドシュートです。これは大事な話で、シュートをするときに両手でやると、ボールの軌道が多くはブレます。(例示をしながら)右手と左手の力が違うからです。ゴールの右や左にずれてしまうことが多い。だから、ワンハンドでシュートを打ちます。自分の利き手にボールを載せて、片手は添えるだけ。それで、こう。そして、合言葉「捕ったらシュート。捕ったらシュート」。はい、どうぞ。

もっと回転させるには、細かいイメージ。指先の、人差し指、中指あたりの第1関節。触ってみて。第1関節が離れる瞬間に力を入れます。うまいね。はい、OKです。

> ワンハンドシュートを「ネッシーのポーズ」でイメージさせて習熟を図る。
>
> ☞「ボールを捕ったらシュートする」という癖をつくる。ボール運動の苦手な子や消極的な性格の子は、試合中にボールを持ったら、すぐに友達にパスを回してしまう傾向がある。シュートに自信がないからである。それを打破する重要なパーツである。

11 チューリップゴールでペアのシュート練習

ペアでのシュート練習です。ゴール役とシュート役に分かれます。ゴール役は、両手で頭の上にチューリップゴ

ルを作ります。大きなチューリップゴールの人もいれば、小さいチューリップゴールの人もいる。この大きさは、相手に合わせてあげてね。2人の距離を変えながら練習してもよいです。向かい合った位置から、わざと角度をつけるために斜めの位置に変えてもよいです。

> ゴールを使わず、チューリップゴールでのシュート練習。
> ☞ シュート役とゴール役に分かれ、声を掛け合いながらシュート練習をする。
> ☞ 山なりのシュートを打てるように練習する。
> ☞ ペア同士で距離を調整して、練習する。

12 片づけ

では、最後にシュートを打ったら、体育館の倉庫のところに集合しましょう。始めと同じように来た順で2列に。10秒前、9、8……0。では、ボールを前に送ります。先頭の人はボール籠に戻します。いきますよ。よーい、スタート！　右列の勝ち。授業を終わります。

授業を子役で体験した教師のコメント(1) ~ 井戸砂織氏

桑原先生の授業は運動量が豊富で、本当に楽しいです。スモールステップだから、どんどんできるようになっていきます。
このバスケットボールの授業では、「チューリップゴール」がとっても気に入りました。友達が打ったシュートが入るかというときに、チューリップゴールの人が手を広げて入りやすくするところ、なんて優しいんだろうと思いました。

授業を子役で体験した教師のコメント(2) ~ 郡司崇人氏

これまではシュートを打たない子にどのような声かけをすればよいか悩んでいたが、「捕ったらシュート」の練習でこのように具体的な動きを教えればよいのかと、目から鱗でした。

2 どの子もシュートができるようになるバスケットボールの指導

Q1：全体に説明をしてからボールを配るのではなく、説明と同時、もしくは事後に指示を出すのはどうしてですか？

A：空白禁止と流れるように進める運動の組み立てのためです。

　説明してからボールを配ると、場合によってはボールを配られている間に子供たちが説明の内容を忘れてしまうことがあります。説明をしたら、間を空けずに運動に入りたいわけです。これを空白禁止の原則といいます。向山先生から教わりました。そして、活動と活動をつなげるように組み立てることで流れるように子供たちが動いていきます。

Q2：上手なドリブルの手をつくる指示で、「長い間触ります」と「ボールと仲よく」ではどのような違いが出ますか？

A：「長い間触ります」は主に高学年向け、「ボールと仲良く」は主に中学年向けです。

「長い間触ります」は、触っている時間が長いほど相手にとられにくいというイメージを持たせます。「ボールと仲良く」は、仲良し＝長く一緒にいるというイメージです。さらにボールのつき方も優しくなります。

Q3：今回の指導内容は、単元のどの位置に入りますか？

A：基本的に毎時間扱います。

　7時間扱いだと仮定すると、進むごとに扱う時間は短くなっていき、ゲームの時間が増えていきます。内容もチームのめあてに応じて選択して扱うことになります。

Q4：ワンハンドのスナップとシュートのスナップを教えるときに、教師からの説明ではなく、子役を取り上げて解説されていました。教師の説明と比べて、児童の動きを取り上げてほめる効果を教えてください。

A：児童にスポットライトを当てた方が、「私にもできるかも！」という思いを持ちやすくなります。

　お手本のよい動きは児童に、悪い動きは教師が行うことを原則とします。

Q5：ペアは、どのように組ませますか？

A：単元の組み立てによります。

　走力が近いペアで組むと、より自分事として力を高め合うことができます。逆にすると、自分との違いを認識して相手のことをより考える効果が期待できます。

3 ボール操作力を高める バスケットボールの訓練法

運動系	ボール運動系
基礎	ゴール型ゲーム
目標	互いに協力し、役割分担、勝敗の原因や1人ひとりの動きを考えて計画的に練習やゲームができるようにする
コツ	「ボール操作」及び「ボールを持たないときの動き」の技能の習得を目指す。向山型「心電図」を活用し、ゲーム中の動きを見える化する

新学習指導要領への対応ポイント

① **知識及び技能**：基本的なボール操作を習得し、ボールを持たないときに空いている場所に素早く動くことによってゲームができるようにする。

② **思考力、判断力、表現力等**：誰もが楽しくゲームに参加ができるようにルールを工夫したり、作戦を選んだりするとともに、考えたことを友達に伝えることができるようにする。

③ **学びに向かう力、人間性等**：ルールを守り、誰とでも仲良く運動したり、勝敗を受け入れたり、友達の作戦や助言を認めたりすることができるようにする。

授業の流れ

「指導言」全文　　　　　　授業者による解説

1 準備運動①

1人1個、ボールを持ちます。

体育館にきたらボールをとって、全部のゴールにシュートしていきます。反時計回りね。

シュートは必ず、1つのゴールに対して1回打ちます。ゴールに入っても入らなくても、次のゴールに進みます。

1周したら、体育館の中央（センターサークル）に戻ってきます。

どこからでもいいですよ。ゴールは4つあります。ではスタート！

はい、4つ終わった人？

中央のサークルに集まります。Aさん、1番です。Bさん、2番です。

2回目やります。4つシュートが打ち終わったら、戻ってきます。スタート！

> 自然に始まる授業の導入。
>
> ☞ 1つのゴールにシュートが入るまでやらせるわけではない。混んでしまう。進まない。
>
> ☞ 1つのゴールに対して1本のシュートしか打てないから、丁寧に真剣に行う。
>
> ☞ 1度教えれば、次回以降は「4つのゴールのローテーションシュート練習」といった指示で子供を動かすことができる。
>
> ☞ 「4つのゴールに全て入った人？」と子供に聞くことでほめることができる。

2 準備運動②

次の段階では、ボールが奪われるといった危機感が生じる内容に変化させます。カットマンがボールを奪います。奪われたら、他の人から奪い返します。「ボールを取られる、取り返す」という攻防が生まれます。

体育係のE君、友達がシュートしたボールをゴール下で奪ってよいです。

ただし、ドリブル中の人のボールは奪えません。シュートを放った瞬間のボールは奪うことができます。

E君は、取ったら先生に持ってきます。

取られた人はどうするか？　取られた人は、シュートされたボールを今度は奪って良いのです。ボールがなくなったら、誰かのボールを奪う。カットマンのE君だけは先生に持ってくるということです。

では、散ってください。

さっきと同じ回り、反時計回りです。1個ずつシュートしていきます。

10秒後に行きましょう。10、9、8、7、6、5、4、3、2、1、はい。E君が行きました！

> ボールを奪う（奪われないように守る）といった攻防が自然に始まるシステム。

- ☞ カットマンがいることで、好き勝手にシュートをすることができない。
- ☞ ボールを「奪う／奪われる」ことを通じて、「ゴール下の攻防」を教える。
- ☞ 子供は「どうやったらボールを奪われないか」を考えて動き、必要な動きが身についていく。
- ☞ 「相手に触れてはいけない」というゲームにつながるルールを身につけさせる。

3 シュート練習

バスケットボールで大事なのは、シュートをすることです。

シュートできるように持っていかなきゃいけないから、「ボールを持ったら、必ずシュートするんだ」という練習が必要です。

必ずシュートする癖をつけるということ。

では、どのようにやるのか？ 「ボールをもらったら、上に上げる」です。

（実演。）

もらったら上に上げる、もらったら上に上げる。シュートをする。

「ボールがきたら、シュート」の練習をします。

横にボールがきたら、2つ目のシュート。

ボールを捕ったらシュート、捕ったらシュート。そういう練習をします。では、やってみましょう。

真上に上げて。はい、シュートをするんですね。捕ったらシュート、捕ったらシュート。

バレーボールのトスになったらダメですからね（笑）。握ってからね、握ってから。捕ったらシュート。

できる人はこれ。右に左に動きながら練習をします。動きながら、歩きながら。リバウンドを捕ったらシュート。できるだけジャンプして捕る、ジャンプして捕ってシュート。

はい、OKです。この練習を毎回やります。

> ボールを持ったらシュートを狙うクセをつける。

☞ ボール運動が苦手な子供は、「ボールをもらったらどうするか」のイメージが乏しい。

☞ 「ボールを持ったら、必ずシュートをする」「すぐシュートする」という基本を覚えさせる。

☞ ボールを「もらったら上に上げる」に慣れてくると、歩きながらできるようになる。歩きながらできると、シュートを片手でコントロールできるようになる。

☞ この運動からルックアップの癖がつき、ゴールだけではなくコート全体を見る視野へとつながっていく。

4 試合（心電図の説明）

　実際のゲームに入ります。皆さん、B4の大きい紙（心電図）と筆記用具を持ってきてください。

（『【新書版】向山洋一全集⑫知的で運動量のある体育授業』〔教育技術研究所〕より）

　ゲーム中の子供の動きをよりよくする（意味のある動きにする）ためには、この「心電図」を書くという向山洋一先生の実践があります。
　使ったことのある人いますか？
（挙手なし。）
　これは「心電図」といって、子供たちが自分たちでどう動いているのかをチェックできるものです。心電図を使うことで、自分たちのゲーム中の動きを可視化する。試しにやってみましょうね。
　1番上の名前の欄、四角に「▲▲」（子供の名前）と書いてください。ひらがなでいいですから。▲▲さんは、ゼッケンが1だから、名前の隣に「1」を。△△さんが、その下。「▲▲」の下、3番だから「△△、3」と。
　いいですね。ずっと下にいって敵チームです。敵チームの四角の上が「◇◇、12番」、「◇◇、12番」。この下が◆◆さんだから、「◆◆、11」です。
　本来ならば、4人対4人でやりますけれども、今日は2人対2人でやってみます。呼ばれた人はゼッケンを着

> 子供の動きを見える化する。
> ☞ 「心電図」のよさに気づかせる。「1番が多くボールに触っている」「3番はボールに1回しか触っていない」などということが一目で分かる。
> ☞ チームの作戦タイムでは、心電図を見ながら子供同士で、「○○さんはシュートが少ないから、やってみよう」「もっとパスを多く回そう」などというようなことが話し合われるようになる。

> 「心電図」はライターとアナウンサーのペアで書く。
> ☞ ライターは、アナウンスの声を聞いて図に記入する（試合を見ない）。
> ☞ アナウンスは実況中継のイメージ。簡潔に、はっきりと述べる。
> ☞ 上手く書けるようになるには、3回くらいの経験が必要である。

てください。ゼッケンを着ていない2人が、心電図を書く「ペア」です。この2人がペア、ペアですよ。

今から何をやるか？　ゼッケンを着けた人は、普通にゲームをします。「オレンジ」対「緑」です。こちらの人たちは、心電図を書きます。どのように書くかというと、用紙の真ん中を見てください。「まるS」があります。「まるS」は「シュート」という記号です。二重丸（◎）が「ゴール」、黒丸（●）が「触る」。

これ、「触る」です。ボールを触ったら黒丸です。リバウンドでも、何でもね。触ったら黒丸です。

次の波線（〜〜）は何ですか？　波線は「ドリブル」です。動いている間は「ドリブル〜」って（波線を）書きます。

次、黒丸からの直線が「パス」です。例えば、1番の人から3番にパスが通ったら、「斜め」に線を引きます。斜めにね。

「C」が「カット」。敵のボールをカットしたら「C」と書きます。

そして「E」が「エラー」。パスをもらったけれども捕球できずに落としたり、コートに転がっていったり、というケースが「E」。エラーです。

これを2人組で、片方がアナウンスをする。もう片方がアナウンスの言葉を基に書きます。では、書く人はこちら側へ。最初は緑チームを書きましょう。最初なので全員で、緑チームを書きます。

ゼッケンの人たち、コートに出てきてください。「オレンジ」が向こうに攻めます。「緑」が反対側に攻めます。

「心電図」の書き方を学習している様子。

心電図の解説。

☞　この図のアナウンスの内容は以下になる。「15番のボール。5番へパス。5番ドリブル。5番シュート。シュートが入った」。

3 ボール操作力を高めるバスケットボールの訓練法

> ゲームにおける「ボールを持たないときの動き」は、学習指導要領でも明記されている大切な能力である。

☞ ゲーム中に笛を吹き、子供たちの動きを一時停止させ、「なぜ、今、その場所にいるのか?」と問う。それを繰り返し、言語化することで、子供たちはスペースを見つけたり、パスをもらう位置を探したり、逆にパスカットをする位置を探したりといった意識した動きへと変化していく。

☞ この心電図は、ゲームを止めることなく動きを可視化できる点が優れている。

　心電図を書く人たちは、緑チームだけ書いてください。練習ですから、緑だけ。

　アナウンサーが「1番パス」とか「3番エラー」とか、ゲームを見ながら言います。ライターがゲームを見ずに書く。片方は言うだけ、片方は書くだけ。決めてくださいね。ゲームをするチームは、心電図を書く練習なので、多少ゆっくりめにゲームを行ってください。いきますよ。どうぞ。

5　試合（心電図を実際に書く）

　1番ドリブル、1番ドリブル。1番がドリブルで、ミス、エラー。1番から3番にパス。3から1、3、1、シュート、外れ。オレンジにボールが渡る。はい、ゲームストップです。

> 心電図を書いた子役の先生の感想。

☞「夢中になりました。アナウンサーは短く言葉を言わないと、どんどんゲームが進んでいくので追いついていかなくなるなと感じました」

☞「ライターはついゲームを見たくなるのですけれど、記入に集中していないと間に合わなくなることが分かりました」

☞「この心電図があると、具体的な動きが記されているので、次の作戦が立てやすいなと思いました」

　記入した用紙を、アナウンスと記録者の2人で見てみましょう。結構書けていますね!　上手です。

　では、もう少しやってみます。今度はライターとアナウンサーを逆でやってください。書く対象のチームは、オレンジでもいいし、緑でもいい。どっちでもいいです。はい、では、いきます。ゲームスタート!

　(3分〜5分経過後。)

はい、OKです。

ゲームチームと心電図チームを交代します。では、ゲームスタート！

（3分～5分経過後。）

はい、ストップです。記録用紙に記入できているか、確かめてみましょう。だいたい記録用紙は同じになります。ここをパスととるかどうか、多少の違いがあってもほぼ同じになりますね。大まかな傾向は分かりますね。次は、アナウンサーとライター、逆になります。

（3分～5分経過後。）

はい、ストップです。

さっきと同じように、記録用紙を見てみましょう。

6 桑原学級の「心電図」の紹介

6年生のクラスで実際に取り組んだ「心電図」の用紙を持ってきました。見てくださいね。これがあると、接触数がいくつだから次のゲームはこうしようといった作戦が、具体的に生まれてきます。「接触数がゼロだから、Aさんにパスを回さなくちゃ、ダメだよ!!」という感じですね。ボールを回していないか、Aさんがあまり動いていないかが考えられますね。次のゲームからはこうやろうという、相談ができます。

改めて、感想を言ってください。

「作戦を立てるときに、これはいいなと思いました」

「やってみて、なんて難しいんだと思いました」

これは、向山先生が実際に現役のときにやられていた指導で、その形から「心電図」と呼ばれている実践なのです。とっても使えますし、「誰ちゃんのチーム強いな」

桑原学級6年児童が書いた「心電図」。

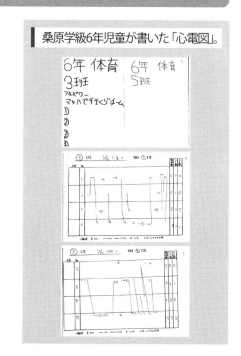

3 ボール操作力を高めるバスケットボールの訓練法

というのではなく、こういうふうにボールを回しているから強いのだってことが感覚的に分かります。

この記録用紙を基に、振り返り作文も書けます。

心電図によって、子供たちの動きが変わります。思考力、判断力も高めます。ぜひ使ってみてください。

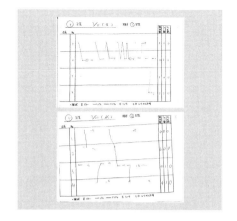

2024年、TOSS向山型体育研究会では、谷和樹氏、加藤三紘氏、森本和馬氏らが、ICTやAIを活用した「デジタル心電図」の教材作成をしている。「心電図」は時代に合わせて進化している。

▶教材研究×基礎知識:「向山型心電図」原実践の概要

向山洋一氏が6年生に実践した研究授業が原実践である(なお、向山氏は、小川吉宥氏の学習指導案から学んだと言っている)。

特長は、児童の実態把握を細かく項目立てをしての分析、ゲームの中で「ボールの動き」「触球数」「シュート数」「成功数」「エラー数」を記録用紙に記入、記録をもとにしたチームや個人の課題を挙げての練習などである。この記録用紙が心臓モニターの動きに似ていることから、通称「心電図」と呼ばれている。以下が、向山氏と小川氏の学習指導案である。

授業を子役で体験した教師のコメント
～岡 城治氏

バスケットボールのゲームというと、少年団でバスケを習っている子や気の強い子がボールを独占し、シュートを決めて、他の子にはパスを回さないといったことが必ず起きていました。この個人差が大きく生じるという課題を、この向山先生の「心電図」を初めて体験したことで、埋められることを知りました。

心電図の実践は知ってはいても、どのように子供たちに指導したらよいのか悩んでいたので、桑原先生の授業を受けることで具体的なイメージを持つことができました。

Q1：バスケットボールのルール通りにやらせるのがよいのか迷います。ルールについて教えてください。

A：試合は、本物のルール通りやる必要はありません。

『学習指導要領』の「ベースボール型ゲーム」「ゴール型ゲーム」「ネット型ゲーム」というのは、そういう「型」のゲームを体験させましょうということです。バスケットボール自体の指導ではありません。

Q2：ボール運動は能力差が大きくて、苦手な子が活躍できないことが多いです。どんな工夫をしたらよいでしょうか？

A：例えば得点です。

得点のルールを「1回入れたら1点」ではなく、「女子は3点」というふうにハンデをつけるとよいです。ハンデをつけると、得意な子が1点とっても、女子が入れると3点とられてしまいますから、パスを回すようになります。それは、作戦を考えさせるということでもあります。

他に「ゴール板の黒い枠に当たったら1点、リングに触ったら2点、シュートが入ったら3点」というパターンもあります。

Q3：苦手な子がボールの接触回数を増すためのルールの工夫は他にありませんか？

A：例えば「得点した人は、得点板にきて得点をめくる」というルールが考えられます。

3 ボール操作力を高めるバスケットボールの訓練法

得点板をめくり、次の得点者があらわれるまで、その場で待ちます。得点者があらわれたら、その人とタッチをして、試合に戻れます。シュートを入れたチームは「強い」チームなので、ハンデとして得点者は1回抜けるというルールです。そうすると、負けているチームは人数が多いですから、ボールを回す機会が増えることにつながります。

他にも「全員がシュートを打ったら、2点ボーナスをあげる」というパターンもあります。これもボールの接触回数が増すルールです。

Q4：心電図について、補足や発展事項を教えてください。

A：「心電図」を書かせることです。

それによって、これまであいまいに感じてきた「強さ」が、より具体的に「こういうふうにパスを回しているから、このチームは強いのだ」と分かってきます。「心電図」を発展させれば、これを基に試合の様子を思い出して、作文を書くこともできます。また、1人1台端末を使って、デジタル版心電図として活用することも可能です。谷和樹氏や加藤三紘氏は、既にデジタル版を試作し、実践しています。

Q5：心電図には、毎試合ごとに取り組みますか？

A：毎試合ごとでなくて構いません。

目的に沿って柔軟に取り組みます。シュート数を見たい、触球数の確認をしたい、チーム全員の動きを見たい、兄弟チームのゲームから友達の動きを学習させたいなどといった目的に応じて、心電図を活用するか否かを判断します。ちなみに、桑原は1単元でおよそ3回取り組みました。

Q6：ゲーム中にパスをもらってもシュートせず、すぐに味方にパスを回してしまう児童がいて困っています。

A：この心電図を実践することで、様々な数値が可視化されます。

心電図を材料にして、必要な練習や目標が生まれます。例えば「Aさんにシュートを打たせる作戦」と称してポジショニングを考え、「Aさんがどこでパスをもらってシュートを打つと、決まる確率が高いか？」といった具体的な練習につながります。

また、ボールをもらったらゴールを向き、シュートできればシュートするし、遠ければパスやドリブルをするといった反復練習を繰り返すことで、判断能力が向上していきます。

4 能力差を超えるタグラグビーの チーム・ビルディング

運動系	：ボール運動
基　礎	：ボールを運ぶ攻撃と動きを止める守備
目　標	：集団対集団の攻防を楽しむ
コ　ツ	：ボール操作。ボールを運ぶ多様な作戦

新学習指導要領への対応ポイント

① **知識及び技能**：ゴール型ゲームの行い方を理解するとともに、ボール操作とボールを持たないときの動きによって、簡易化されたゲームをすることができるようにする。

② **思考力、判断力、表現力等**：ルールを工夫したり、自己やチームの特徴に応じた作戦を選んだりするとともに、自己や仲間の考えたことを他者に伝えることができるようにする。

③ **学びに向かう力、人間性等**：ゴール型ゲームに積極的に取り組み、ルールを守って助け合いながら運動をしたり、勝敗を受け入れたり、仲間の考えや取り組みを認めたり、場や用具の安全に気を配ったりすることができるようにする。

授業の流れ

「指導言」全文　　　　　　　　授業者による解説

1 「取る」：タグの取り方

タグラグビーには、3つの機能があります。1つ目は「取る」。はい。「取る」。

このタグベルトに着けた2本のタグを「タグ！」と言いながら取ります。どうぞ。何回も、タグ！　そう。いいね。相手に伝わるように声を出します。

> **基本の構えを教える。**
> ☞ 1人に、腰に着けるタグベルトと、2本のタグを準備する。
> ☞ シャツをズボンの中に入れ、安全面に配慮する。
> ☞ 腰のタグベルトが長いときは、巻きつけておく。
> ☞ タグをタグベルトに着ける位置は、気をつけをしたときに手で触れる辺りが目安。

第3章　競い合う楽しさ！　子供を熱中させるルールづくり

2 「取る」：しっぽ取り鬼ごっこ・2人組

2人組を作ります。A君、見本です。先攻・後攻を決めます。A君が攻め手ね。先生が守りです。

握手をします。握手をしていない方の手で、攻めの人はタグを狙います。

守りの人は、頭のぶつかり防止のために、おでこに手を当てながら、ただ逃げるだけです。

握手を離しちゃだめね。よーい、ドン。タグを取ったら、「タグ！」と言います。止めというまで、どんどんどんどん攻めてください。タグを2本取られたら終わりです。止め。タグ取れた人？　すごい。攻めと守りを交代します。

スタート。はい、ストップ。タグを取れた人？　上手。

| タグを取る・取られる経験をする。

☞ 相手のタグを取る動作が身につく。
☞ ポイントは4つ。
①握手の手は離さない。
②体や頭がぶつからないようにする（守りは、おでこに手を当てる）。
③不要な回転をしたり、強くひいたり押したりしない。
④ペアの体格差を最小限にする。

3 「取る」：しっぽ取り鬼ごっこ・チーム戦

各チーム（4チーム）で集まります。今度は、チーム戦です。自分のチーム以外のチームのタグを取りにいきます。

タグを取られてもやめないで、他チームのタグを取ってください。なくなっても取ってください。「やめ」と言うまで、自分たちのチーム以外からタグを取ります。

いきますよ。タグ取り鬼です。用意、スタート。全員動いていいんだよ。

はい、ストップ。自分の着けているタグも入れて、タグ

| 広いスペースでのタグの取り合い。

☞ 握手の手を離すことで、追いかける・追いかけられるという鬼ごっこに変化させる。
☞ 回転やバックステップを禁止する。衝突を回避する。
☞ 低学年ならば、大きいタオルやビブスでも良い。児童の実態に応じて、

の数を数えます。チームで本数を足し算します。赤チーム7本、黄色チーム5本、緑チーム9本。青チーム3本。緑チームの勝ちです！

それでは、取ったタグを「どうぞ」と言いながら返します。「どうも」と言って受け取ります。

- 取りやすい形にすることが大切である。
- ☞ 終わった後のタグを返す場面は、ごく小さな場面であるが、今後のゲームの中でも必要となる思いやりであり、コミュニケーション力を高めるものである。

4 「かわす」：ジャンケン追い抜き

続いて、「かわす」です。かわさないとタグを取られてしまいます。タグを取られると動けなくなります。相手をかわしてボールを運んでいくのが、タグラグビーです。

「かわす」動きとして、誰でもできる「ジャンケン追い抜き」というのをやってみます。お手本をやってもらいます。

最初に向かい合います。このように「前にならえ」の動きをしないと、逃げたいから相手からどんどん離れていってしまいますので、「前にならえ」の距離くらいに離れます。

ジャンケンに勝った人は、相手に向かって進みます。勝ったら進む。もちろん、タグを取られないように進む。かわしながらね。負けた人はタグを取る。

2人組でやります。前にならえ。それぞれのタイミングでジャンケンをして、始めてください。

はい、集まります。座っていいよ。

取るときは「タグ！」と言うことを忘れないでね。もう

| 瞬時の判断と動きの練習。

- ☞ じゃんけんの結果を瞬時に判断する。俊敏な動きにつながる。
- ☞ 勝った人はかわす、負けた人はタグを取るという1つだけのシンプルなプレーなので、誰でもできる。
- ☞ 適度な距離が分からない子もいるので、「前にならえの距離感」と具体化する。

1回練習しましょう。「タグ！」は、はっきり明るく言うことが大切です。この練習で、かわすということを覚えていきます。

5 「取る」「かわす」：1対1タグ取り

では、「取る」と「かわす」をやるのに、1対1タグ取りゲームをします。実際にボールを持ってやってみます。

先ほどと違って、今度は、じゃんけんがなくなります。ボールを持つことが加わっただけで、あとは同じです。ボールを持っている人は相手をかわしていくだけです。

ボールを持つだけで、雰囲気が変わってきます。攻守交替でやってみよう。

このように、「取る」と「かわす」を覚えていきます。

| 協応動作。
☞ 「ボールを持ちながら、かわす」という2つの動きを同時に行う。これが難しいという子供がいる。
☞ このため、スモールステップで定着を図る。

6 「投げる」

続いて、「投げる」です。タグラグビーのボールは、下から両手で投げます。3人のチームで集まってください。ボールを1個使います。円陣パスをします。3人で下から、あかちゃんを抱っこするように大事にボールを持ちます。そおっと両手で、下投げです。

はい、OK。上手です。

バスケットボールと違って、下投げだから誰でもできます。でも、これでは前や横にもパスをしてしまいます。そこで全員、回れ右をします。回れ右。円の外側を向いて隣の人にパスをすると、必ず横斜め後ろになりますね。後ろにパスを投げるのが、ラグビーのルールです。

ではどうぞ。円陣パス。声を出して。

ストップです。こちらのチーム、お手本ね。<u>10回パスを回したら、みんなで中央に集まって「トライ」と言い、ボールを置きます。</u>「トライ」というのは、ゴールを決めるときのセリフです。

「トライ」。言ってみましょう。

(「トライ！」)

では、10数えます。どうぞ。

みんなで集まって「トライ！」。上手だね。

これを競争します。チーム対抗です。用意スタート。

早い。あわてない、あわてない。OK。

というふうに、パスは下から両手で投げるというのがポイントになります。

| 丁寧に投げる。 |

- ☞ 子供たちは、興奮するあまりにボールを雑に投げてしまいがちである。
- ☞ 初めの段階で抑制し、丁寧さを植えつける。
- ☞ 相手の胸元を見て、「はい」と言って投げるように指導する。
- ☞ ゲームでは、相手が捕れる丁寧なパスをしないと、キャッチミスにつながる。ボールを落とすと「ノックフォワード」というミス（反則）となり、相手ボールになってしまう。
- ☞ 「赤ちゃん」や「生卵」「おいもほり」などにボールを例えることで、子供たちはより丁寧に、両手で投げて両手で取るようになる。

4 能力差を超えるタグラグビーのチーム・ビルディング

7 「取る」「かわす」「投げる」：後ろパスゲーム

「取る」「かわす」「投げる」の3つを入れると、いよいよタグラグビーのゲームに近づいていきます。

　後ろパスゲームをやってみます。この3人、立ってください。

　3人対3人で対戦しますね。攻めのチームはボールを持って、トライゾーン（向こうのチームの奥側）に辿り着けば勝ちです。

　攻めるというのは、ボールを運ぶだけです。先頭の1人がボールを持ち、敵陣に走っていきます、このときに2人もついていく。

　守備側は何をするかというと、タグを取ります。タグを取る。

　攻めチーム、タグを取られた人は、もう動けません。だからパスを出すしかない。パスは前には出せないので、2名の人は、ボールを持っている人の後ろにいないとパスはもらえないわけです。はい、パス。取ったタグは返してね。

　タグをとられたら、後ろパスをする。はい、投げる。はい、ストップ。というふうにして、トライゾーン（陣地の向こう側）にボールを運べば、勝ちということになります。タグを取られたら、後ろに（パス）するだけです。

　やってみます。はい、どうぞ。取られたらパス。タグが取られちゃった、惜しいね。もう1回どうぞ。

　はい、ストップ。攻めと守りを交代します。

　タグを取られたら、タグを付け直すまでは参加してはいけません。タグを取られたら、返してもらう。このとき、2人はゲームから抜けている状態になります。では、始めます。どうぞ。

　オー、トライ。すごい！　はい、OK。集まります。何回かやっていくと分かってきます。ボールを持っている人が、どこにいるかが大切になります。

　ボールを持っていない人は、どこにいますか？
（「後ろです」）

　そうです。後ろにいないとパスは来ないからね。

動きながらルールを覚えていく。

☞ 座学スタイルで大まかなルールを口頭や図などで示して、教師が教えるという場面を目にする。

☞ クラスの実態によっては、これだと一部の子にしか理解できないこともある。

☞ 向山型の教え方システムでは、動かしながら、その都度ルールを教えていく。その方法の方が、子供たちに伝わる。

☞ 向山洋一氏考案の五色百人一首の指導システムが、代表的である。札を1枚詠み取らせてから、「取るときには、はいと言って取ります」と1つのルールを教えていくのである。

☞ 子供を動かし、「タグを取られたらパスをする」をその場面で教える。

☞ 他に教える事項を、以下に挙げる。

①守る人は、ボールを持っている人とすれ違うときにタグを取ります。

②ボールを持っていない人のタグは取りません。

③タグを取ったら、「タグ！」と大きな声で言って頭の上にかかげます。

④両手を広げたり、服を引っ張ったり、ぶつかったりしてはいけません。

⑤走る速さ、走る向きを工夫してみましょう。「蛇のように走る」「急に向きを変える」など。

⑥危険防止のために、お互いに体には触れないようにします。

⑦手や腕でタグを隠すのは反則です。

学級で実践すると、どういうことが起きるか？　嫌だな、怖いなという消極的な子に、どんどんどんどんボールが回ってくることになる。パスは後ろに出すからです。「おーい、パスをくれ」というような運動が得意な人ほど前に行ってしまうから、パスが回ってこないということになります。この点も、タグラグビーの魅力です。運動が苦手な子が活躍できます。

| 個人差を埋めるタグラグビー。

☞ サッカーやバスケットボール、ベースボールと違って、経験値が少ない競技の1つが、このタグラグビーである。

☞ よって多くの子供たちにとって初めての運動となるので、個人差が少ない状態で始められる。

☞ ボールゲームは、前にボールを投げたり、打ったりする内容だが、タグラグビーは横や後ろに投げる。これだけで、おとなしい子にもボールが回りやすくなる。

8　まとめ

　今、「習熟ステップ」の運動をやりました。「しっぽとり鬼ごっこ」「ジャンケンぬきっこ」「ボール集め競争」というのはやっていません。これは我々が作成した指導パンフレットに載っているので、是非見て欲しいと思います（コラムを参照）。

　そして、ボール運び対戦を、今、やりました。後ろだけにパスを出す。本格的になってくると、今度は横にパスを出せるようになっていきます。横に出すとボールが動きますから、これが本格的なタグラグビーです。

　その前のステップでは「動きを制限する」というルールが必要です。今みたいに「パスなしラグビー」をしたり、「タグは4回取られたら攻めが終わり」や「ボールを前に落としてもOK（ノックフォワードなし）」といったルールを決めると、面白くなってきます。

　実際に子供たちがやっている映像を見てみましょう。タグラグビーのホームページにも映像がありますので、お家でご覧ください。

4 能力差を超えるタグラグビーのチーム・ビルディング

タグラグビーで、教えておきたい点として、ノーサイドという精神があります。

ノーサイドとは、ゲームが終わったら敵・味方なしだよっていうことです。「何か嫌だな、点を取られて悔しいな、こんちきしょう」と思っても、ノーサイド。試合が終わったら全て終わり。ノーサイドです。

また、発達障害の子供が活躍するというのも、タグラグビーの魅力です。1つ目は、動きのぎこちなさが目立ちません。運動が苦手でも活躍できます。2つ目は、体の使い方が分かることです。どこまで手を伸ばせばボールが取れるかな？ タグを取るにはどう体を動かせばいいかな？ ということは、感覚統合の視点につながり、意図した経験が必要です。接触が禁止なので、ふざけちゃう子とか、抑制が効かない子が（抑制の方法を）覚えていくことにもつながります。ボールが回ってきます。苦手な子は後ろにいますので、どんどんボールが回ってくるチャンスが増えます。3つ目は、ノーサイドの精神で文句などの不満を制御できます。「先生、誰々さんがさっきこうやったんですけど」「ゲームが終わったらノーサイド」「誰々さん、さっきずるをしたね」「ゲームが終わったらノーサイド」。ノーサイドのキーワードを教えても、こういうのは駄目です。プレー側がぶつかることは当然ダメです。手で押しちゃう、こういうのも駄目です。服を掴む、ダメです。手を広げて守る、これも駄目です。ダイビングする。とんでもありません。キック、蹴ってしまう。これも駄目です。

ということで、反則がたくさんあるのですが、1つひとつ守っていくことで、子供たちにも抑制が生まれ、動きが俊敏になっていきます。

> **簡易ゲームの内容。**
>
> ①守るチームは、相手のタグを取ります。
>
> ②タグを取ったら「タグ！」と大きな声で言って、頭の上にかかげます。
>
> ③攻める人はフリーパスをしたらタグを返してもらいます。守る人はタグを返したら、プレー再開です。
>
> ④その間も、別の人たちはゲームを進めています。
>
> ⑤何回タグを取られても、大丈夫です。
>
> ⑥タグを取られた後に、気づかず走りすぎてしまったら、タグを取られた場所まで戻りましょう。
>
> ⑦守るチームの人は、フリーパスをする人（ボール）よりも後ろに下がります。
>
> ⑧守る人は、フリーパスを邪魔してはいけません。

パスをもらう

前にボールを運ぶ

タグを取られたら後方の味方にパス

授業を子役で体験した教師のコメント 〜 根津盛吾氏

「ボール操作」はタグラグビーの場合、かなり簡単です。ドリブルもシュートもなく、パスもあまり使いません。要するに「持って走る」ことができればよいわけです。だから、レディネスのない多くの児童に優しい内容になります。そして、タグラグビーは「ボールを持たないときの動き」も明確になっています。サッカーやバスケットボールと同じく「ゴール型」ですが、両者は「攻守が刻々と変化する攻防入り乱れ型」です。これが「慣れていない子」にはとても難しいのです。タグラグビーは、実は「攻守交替型」です。「慣れていない子」にとって、「今は攻撃か守備か」が分かりやすいです。これは、どちらかというと「野球」に近いわけです。攻撃時における「ボールを持たない動き」と守備時における「ボールを持たない動き」が明確であり、児童も直観的に理解しやすい運動なのです。

考え抜かれた組み立てでそのような魅力を授業化された桑原先生の授業技量が素晴らしかったです。全国の子供たちに、タグラグビーを体験してほしいと思います。

Q1：タグラグビーを初めて指導します。無理なくできる単元計画例を教えてください。

A：6時間扱いで計画しました。

「取る」「投げる」「かわす」「ゲーム」の4つの指導内容で組み立てました。以下を参考にしてください。

指導計画例	取る	投げる	かわす	ゲーム
第1時	手つなぎタグ取り	対面パス	じゃんけんタグ取り	
第2時	タグ取りへび	円陣パス	じゃんけん抜きっこ	
第3時	タグ取り鬼（個人）	ボール集め（ラン）	1対1宝運び	簡易ゲーム
第4時	タグ取り鬼（チーム）	ボール集め（パス）	1対1宝運び	簡易ゲーム
第5時			通り抜け鬼ごっこ	正規に近いゲーム
第6時			通り抜け鬼ごっこ	正規に近いゲーム

Q2：たくさんのルールを教えるために、心掛けることを教えてください。

A：あれもこれもと、1回で教えようとしないことが大切です。

4 能力差を超えるタグラグビーのチーム・ビルディング

初めて取り組む子供たちが多い状況です。極力単純化して、少ないルールに絞ります。そして、1つの動きをしたら、1つルールを教えることを心掛けるとよいでしょう。

Q3：ゲームになると、それまでの練習での動きと違ってぎこちなくなりました。作戦を教えたりしたのですが、あまり効果を感じません。どのようにしたらよいでしょうか？

A：作戦は教師が説明しません。

発想の転換が必要です。ゲームになると、うまくいかないから、自分事として考え出します。子供たちに任せ、教師は励まします。

また、兄弟チームを作り、客観的な立場からゲームへのアドバイスをさせることもよいでしょう。自分たちには見えない動きに気づきます。作戦ボードなど、具体物を活用するとよいでしょう。

Q4：タグラグビーはタグやボールなど、準備が大変です。準備や片付けなどで効果的な方法はありますか？

A：教室から準備させます。

体操服に着替える際に、タグベルトとタグ、ビブスを着けさせています。運動場や体育館に来てから装着すると、遅くなるわけです。

ボールやカラーコーンなどは、チームの輪番制にしたり、見学の子に手伝ってもらったりして工夫するとよいでしょう。

Q5：チームを分けるポイントや留意点を教えてください。

A：ねらいと子供の実態の両面が必要です。

ねらいがチーム（集団）の変容にある場合、チームを固定化する必要があります。個の動きや考えにねらいがある場合には、毎回チームメンバーを変えることもあります。

背の順や名前の順、誕生月順、走って戻ってきた順などで、ランダムなチーム編成ができます。固定化する場合は、運動能力のバランスを考慮して編成します。

子供の実態というのは、そのクラスの事情を配慮するということです。運動が苦手な子や乱暴な子、コミュニケーションがとりづらい子など、それぞれの事情が学級にはあります。それを考慮して、固定化するのか、2時間で交代するのかといった判断が必要となります。なかには「2時間ならば、がんばるか」という子供がいたりします。

コラム

初めての先生にもやさしい！
6時間でできる「タグラグビー」指導テキスト

対象：小学生3～6年生　指導時間：6時間

コラム末尾のQRコードから、全15本の指導動画を視聴可。
初めての先生でもイメージがつかめるので、指導がやさしくなります。

監修：桑原和彦

指導計画	取る	投げる	かわす	ゲーム
第1時	手つなぎタグ取り	対面パス	じゃんけんタグ取り	
第2時	タグ取りへび	円陣パス	じゃんけん抜きっこ	
第3時	タグ取り鬼（個人）	ボール集め（ラン）	1対1宝運び	簡易ゲーム
第4時	タグ取り鬼（チーム）	ボール集め（パス）	1対1宝運び	簡易ゲーム
第5時			通り抜け鬼ごっこ	正規に近いゲーム
第6時			通り抜け鬼ごっこ	正規に近いゲーム

45分間を「取る・投げる・かわす・ゲーム」の組み合わせで指導します

準備

★ここがポイント
1 シャツをズボンの中に入れると安全です。
2 ベルトが長いときは、巻き付けておきます。
3 タグは気を付けをしたときに手で触れる位置に。

道具を身に着けよう
①ボールはだ円のラグビーボールを使います。抱えて走るのに適しています。
②腰に着けるタグベルトとタグ2本が必要です。
③ボールやタグベルト、タグがない場合は、（財）日本ラグビーフットボール協会で用具の貸し出しを行っています。
④自分のタグを取り、上に掲げて「タグ」と声を出しましょう。

第1時

★ここがポイント
1 手は離さない。
2 体や頭がぶつからないようにする。
3 不要な回転をしたり、強くひいたり、押したりしない。
4 ペアの体格差を最小限にする。

【取る】手つなぎタグ取り

相手のタグを取る動作が身につきます

①2人組になって、取る人と守る人を決めます。
②向かい合って握手をします。
③守る人は左手をおでこに当てます。
④先生の合図で取る人が相手のタグを取ります。
⑤タグをとったら「タグ！」と大きな声で言って、頭の上にかかげます。
⑥取る人と守る人を交代します。
⑦つなぐ手を変えます（左手同士）。
⑧手のつなぎ方を変えます（右手と左手など）。

4 能力差を超えるタグラグビーのチーム・ビルディング

★ここがポイント
1 「おいもほり」のイメージで行う。
2 相手の胸に向かって投げる。

【投げる】2人組での対面パス

| フリーパスの練習です |

①2人組で向かい合います。
②パスを交互にします。
③両手で持ち、下投げで優しく投げます。
④相手の胸元を見て、「はい」と言って投げましょう。
⑤股の間から投げたり、腰の横から投げたりしてみましょう。

★ここがポイント
1 ボールは持たずに行ってもよい。

【かわす】じゃんけんタグ取り

| 逃げる相手のタグを取ります |

①2人組で向かい合います。
②お互いに前にならえをして、距離を取ります。
③じゃんけんをして勝った人が後ろに逃げます。
④〇〇色のラインまで逃げましょう。
⑤負けた人は、逃げ切られる前にタグを取ります。

第2時

【取る】タグ取りへび

| 相手のタグを取る動作がさらに身につきます |

①4人1組になります。
②3人がヘビになります。ヘビの3人は両手を前の人の肩にのせ、縦につながります。
③鬼はヘビの1番後ろの人のタグを取ります。ヘビの先頭の人は両手を広げて、鬼のじゃまをします。
④タグを取るか、ヘビの手が離れたら鬼の勝ちです。

★ここがポイント
1 距離は相談させる。
2 回数を決めて競争させる。
3 工夫している子をほめる。

【投げる】円陣パス

| ラグビー特有の後ろへのパスの練習 |

①グループで円を作ります（写真は三角形）。
②時計回りでパスをしていきます。
③10本パスを通したら、真ん中に集まって「トライ」と言います。
④反対回りでやってみましょう。
⑤体の向きを外側に向けてやってみましょう。
⑥このように、ラグビーは横や後ろにパスします。
⑦直線や山なり、回転パスにも挑戦しよう。

【かわす】じゃんけん抜きっこ

すれ違うときにタグを取ります

①2人組で向かい合います。
②お互いに前にならえをして、距離を取ります。
③じゃんけんで勝ったら、相手を抜いて進みます。
④〇色のラインまで逃げましょう。
⑤負けた人は、すれ違うときにタグを取ります。
⑥隣のペアと間隔をとります。

第3時

回転やバックステップを禁止して衝突回避。

【取る】タグ取り鬼（個人）

①1辺が20mくらいの正方形の中で、お互いにタグを取り合います（人数や体格で変える）。
②たくさんタグを取った人が勝ち。
③タグを取ったら「タグ！」と大きな声で言って、頭の上にかかげます。
④2本タグを取られても、そのまま続けます。
⑤自分のタグが残っていたら、それも数えます。
⑥チームごとに本数を発表します（ほめる）。

◆危険防止のために
・3チームの場合は三角形、ボールは5つにする。
・衝突を避けるために「ラン」を「早歩き」にする。
★ここがポイント
1　仲間が指示を出したらほめる。

【投げる】ボール集め（ラン）

①真ん中のフラフープに7つのボールを置きます。
②4チームに分かれ、角のフラフープの前に立ちます。
③1人がボールを1つずつ、自分の角へ運びます。
④ボールはチーム足下のフラフープに入れます。
⑤早く3個のボールを集めたチームが勝ち。勝ったら「トライ」と大きな声を出します。
⑥中央のボールがなくなったら、他のチームが集めたボールを取ります。
⑦3つ集めたら、チーム全員で「トライ」と言います。

【かわす】1対1の宝運び

得点方法はトライゾーンまで走ることであることを学ぶ

①2人組で5m離れます。
②レディー・ゴー（または笛）の合図で、攻める人がトライゾーンをめがけて走ります。
③守る人は、すれ違うときにタグを取ります。

4 能力差を超えるタグラグビーのチーム・ビルディング

④タグを取ったら「タグ!」と大きな声で言って、頭の上にかかげます。
⑤タグを取られたら、攻守を交代します。
⑥両手を広げたり、服を引っ張ったり、ぶつかったりしてはいけません。
⑦走る速さ、走る向きを工夫してみましょう。
⑧タグを取られずに図の太線を越え、地面(床)にボールを着けることができればトライ(得点)です。

蛇のように走る　　急に向きを変える

★ここがポイント
1　バックステップ禁止で、下がる動きを制限する。
2　走り込むだけで得点にしてもよい。
3　子どもが考えた作戦・工夫を取り上げるとよい。

◆危険防止のために
・お互いに体には触れないようにする。
・手や腕でタグを隠すのは反則とする。

4人チーム、コートの広さの目安
・コートの大きさは、下の図の通り。土の校庭の場合は、石灰で線を引く。

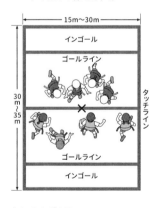

・人工芝などの場合は、マーカーコーンを使う。体育館で行うときは、ラインテープを使用する。

【ゲーム】簡易ゲーム(パスなし)

初期ルールは4つだけ

①4人対4人。
②ノックフォワードなし。
③タグは無制限。
④パス禁止(フリーパスのみ)。

守りはタグを取る

トライは走り込むだけ

ボールを前に落としてもOK（ノックフォワードなし）　　トライ後は、中央からフリーパスで再開

◆危険防止のために
1　プレー中のパスはまだ禁止とする
2　フリーパスは優しく放るように伝える

★ここがポイント
1　フリーパスは「止まって、後ろに、2m」と唱えさせながら行うと分かりやすい。

【資料】タグラグビーは鬼ごっこです

タグラグビーは、タグをとられないように逃げ回りながらゴールラインを目指します。インゴールにボールを置けばトライ（得点）になります。攻める人はボールを抱えて進み、守る人は追いかけてタグをとるだけなのです。ラグビーボールとタグを使ってやっている鬼ごっこのようなものです。とても簡単で、面白いスポーツです。接触を排除しているので安全です。また、運動が苦手な子でも容易に得点できる運動です。
今回、初めて指導する先生でも、簡単なゲームまでの指導ができる方法をまとめました。学級の実態に合わせて修正して活用ください。正式なルールで行いたい方は、次の資料をご覧ください。
鈴木秀人（編著）『だれでもできるタグラグビー』（小学館）／タグラグビーオフィシャルサイト tagrugby-japan.jp

用具の貸し出し（無料） http://www.tagrugby-japan.jp/equipment/rental.html

（財）日本ラグビーフットボール協会では「タグラグビー用具（セット）」についてご希望のある学校・団体に、貸し出し及びタグラグビー指導員の派遣等をしております（タグラグビーオフィシャルサイトより）。

第4時

★ここがポイント
1　チームごとにタグを合計して1番を決める。1番のチームにどんな作戦を考えたのかを聞く。
2　回転やバックステップを禁止して衝突回避。

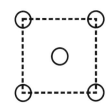

【取る】タグ取り鬼（チーム）
①3～4チーム対抗でタグを取り合います。
②たくさんタグを取ったチームが勝ち。自分のタグが残っている場合は、それも数えます。
③タグを取ったら「タグ！」と大きな声で言って、頭の上にかかげます。
④2本タグを取られても、そのまま続けます。
⑤自分と同じ色（チーム）のタグは取りません。他の3色のタグをねらいましょう。

【投げる】ボール集め（パス）
①ボール集め（ラン）と同じです。
②走って運ぶ代わりに、パスをしてもよいです。次の仲間がキャッチして、フラフープの中に置きます。
③パスの方法は、フリーパスと同じです。
④慣れたら、動きながらパスをしてみましょう。

【かわす】1対1の宝運びと【ゲーム】簡易ゲームは前回と同じ

ゲームが終わったら、あいさつをしよう

4 能力差を超えるタグラグビーのチーム・ビルディング

ノーサイド

ゲームの終了のことを、ラグビーの世界では「ノーサイド」と言います。ゲームの終了とともにチームとチームの間の境がなくなるという考えです。心を込めて、「ありがとうございました」と言いましょう。

3人組でのパス（フラット）　　2対1のタグ取り鬼

3人組でのパス（クロス）　　2対1のタグ取り鬼（パスあり）

第5・6時

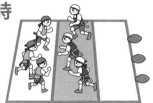

★ここがポイント
1 3人とも成功したら、点数を2倍にする。
2 ボールを使わなくてもできる。残っているタグの本数を点数にしてもよい。

【かわす】通り抜け鬼ごっこ
① 鬼が動く範囲を決めます（中央が鬼ゾーン）。
② 鬼ゾーンの中を通り過ぎるときに、タグを取られないように走ります。
③ その先にあるボールを拾えば1点です。
④ 2本ともタグを取られたら負け。1本でも残っていたら、ボールを拾うことができます。
⑤ 鬼は鬼ゾーンのどこに立つか、攻めるチームはタイミングを工夫してみましょう。
⑥ 慣れてきたら、4対4にも挑戦しよう。

【正規に近いゲーム（主なルール）】 ※他にオフサイド、スローフォワードがあります。

タグ

① 守るチームは、相手のタグを取ります。
② タグを取ったら「タグ！」と大きな声で言って、頭の上にかかげます。
③ 攻める人はフリーパスをしたらタグを返してもらいます。守る人はタグを返したらプレー再開です。
④ その間も、別の人たちはゲームを進めています。
⑤ 何回タグを取られても、大丈夫です。

フリーパス

① 攻めるチームのタグを取られた人は、取られた場所からフリーパスで再開します。
② 走りすぎてしまったら、タグを取られた場所まで戻りましょう。
③ 守るチームの人は、フリーパスをする人（ボール）よりも後ろに下がります。
④ 守る人は、フリーパスを邪魔してはいけません。

参考：タグラグビーオフィシャルサイト（tagrugby-japan.jp/）

タグラグビー指導動画

(A)1人でのタグ取り

(B)手つなぎタグ取り

(C)じゃんけんタグ取り

(D)円陣パス

(E)ボール集め（ラン）

(F)1対1の宝運び

(G)タグ取り鬼（チーム）

(H)3人組でのパス（フラット）

(I)3人組でのパス（クロス）

(J)2対1でのトライ練習（パスなし）

(K)2対1でのトライ練習（パスあり）

(L)通り抜け鬼ごっこ

(M)簡易ゲーム（パスなし）

(N)正規に近いゲーム①

(O)正規に近いゲーム②

5 個別最適化と協働的学びを実現するなわとび運動

運動系	体つくり運動
基礎	巧みな動き、動きを持続する能力を高める
目標	教材・教具を使用して、体の動きを高める
コツ	向山型なわとび級表A・B、ICT活用

新学習指導要領への対応ポイント

① **知識及び技能**：体の動きを高める運動の行い方を理解するとともに、ねらいに応じて体の柔らかさ、巧みな動き、力強い動き、動きを持続する能力を高めるための運動を行うことができるようにする。

② **思考力、判断力、表現力等**：自己の体力に応じて運動の行い方を工夫するとともに、自己や仲間の考えたことを他者に伝えることができるようにする。

③ **学びに向かう力、人間性等**：体の動きを高める運動に積極的に取り組み、約束を守って助け合いながら運動をしたり、仲間の考えや取り組みを認めたり、場の安全に気を配ったりすることができるようにする。

授業の流れ

「指導言」全文　　　　　　　　　　　　授業者による解説

1 前語り（前跳びを30秒で何回跳べれば二重跳びは跳べるか）

今日は、体つくり運動からなわとびをします。前跳びを30秒で何回くらい跳べたら、二重跳びは1回跳べると皆さんは思いますか？　口々に言ってみて。
（「70」「35」）

それはどういう根拠ですか？　言える人は言ってみて。
（「誰かに聞いた」「1秒間に2回」）

なるほど。そのことを最初に検証してみましょう。

学術論文を見てみると、たくさんの先生方が研究をしています。例えば、このような結果があります。上から80回以上。70～80回。70回以上。藤田雅文氏の論文だと、50回以上で二重跳びができるとあります。

これを基に、6年生のクラスで授業をしてみました。それを再現します。

- 二重跳びの条件。
- ☞ 教師が根拠を持っていることが大切である。
- ☞ これは30秒間前跳びの回数を根拠にしている。

①林　　俊雄（1985）80回以上
②山本　　悟（1988）70～80回
③松本格之祐（2003）70回以上
④藤田　雅文（2006）50回以上

- 他にも、「姿勢」や「教具」などのポイントもある。
- 二重跳びのポイントを語れる引き出しを持つための教材研究は欠かせない。

2　30秒前跳びを撮影する

　30秒前跳びです。ペアで片方が跳び、もう片方が端末で撮影します。準備はいいですか？　よーい、スタート。はい、そこまでです。このように端末で撮影して、実際に跳んだ姿をペアで見てみます。

　見てみてどうですか？
（「何だかぎこちないところがよく分かりました」）

　オンラインで見ていた方、アドバイスはありますか？
（「脇を締めるといいと思います」「足を閉じるといいと思います」）

　たくさんありますね。参考にして、どんなところに気をつけるか、ポイントを絞って跳びます。いかがですか？
（「足をそろえるというのがあったので、そろえようと思います」）

　撮影するポイントは足ですね。全体ではなく、足の跳躍のところを撮影します。どうぞ。

　OKです。見てみましょうね。

　見てみてどうですか？
（「さっきよりきれいに、リズミカルに跳べるようになりました」）

　友達の跳び方を見てどうでしたか？
（「上手になってびっくりしました」）

　そうですか！　オンラインで見ていた人も感想をどうぞ。
（「初めよりとても上手になりました」「リズムが良くなりました」「フォームがきれいになりました」）

| 端末の撮影はポイントを絞る。

- 通常、子供たちは全体的に撮影する。
- ポイントを絞ることが大切である。例えば、「足の跳躍」「手首の回旋」「背中の伸ばし具合」「視線」などが考えられる。
- さらに、30秒などというように時間も制限するとよい。
- 撮影のポイントを絞ることにより、再生動画をペアで見る際にも、そこだけを確認することになる。よって、短時間でできる。
- ICT活用の際に、「運動量が落ちる」ことを懸念される声を聴くことがある。ポイントを絞ることは、この懸念を払拭することにつながる。

はい、ありがとうございます。このように、クラスでもペアで撮影し合うことを最初に行いました。

3 データを蓄積する

前跳び30秒の回数を記録していきます。スプレッドシートを使用しています。スプレッドシートには、自分たちで入力します。ですから、教師が控える必要がありません。

毎回の子供たちの記録がデータとして蓄積されるので、回数の変化が見られます。

データの蓄積。

- 毎回、体育の時間に継続して取り組むことが重要である。
- 記録を「取る」ことが大切であり、その方法は、教師や子供たちがやりやすい方法でよい。筆者はスプレッドシートを選択した。
- 自分の記録の変容を一目で見ることができることが重要であり、自己肯定感を高めたり、次の目標を立てたりできるといった効果がある。
- クラス全員の変容が見えることで、競い合いが起きる。ただし、配慮を要する状況においては、その限りではない。

出席番号	6月11日	6月14日	6月15日	6月16日	6月17日	6月18日	6月21日
1	37	68	52	57	62	79	62
2	61	53	47	47	61	60	45
3	65	75	66	57	80	71	68
4	64	64	54	71	45	88	72
5	50	60	56	55	60	72	欠席
6	68	85	80	64	87	80	82
7	32	58	39	54	50	53	70
8	59	61	51	55	52	71	79
9	54	67	48	54	84	67	78
10	67	40	45	53	64	48	60
11	55	休み	43	欠席	欠席	55	72
12	71	75	85	79	74	79	71
13	68	74	89	78	91	84	94
14	58	47	49	欠席	欠席	33	62
15	40	71	73	67	77	80	90
16	67	72	66	75	75	89	90

4　二重跳びを撮影する

　次は、二重跳びにいきましょう。二重跳びも同じようにペアになって撮影をします。

　まず、体全体を撮ります。どうぞ。がんばれ、がんばれ。OK。撮影した動画を見てみましょう。自分の跳び方を見てどうですか？
（「手が開いてバタバタしています」「足が開いている気がしました。閉じた方がいいと思います」）

　そろえた方がいいね。その点を踏まえて、足の部分を撮影します。どうぞ。オー、すごいね。オンラインの皆さん、どうですか？
（「きれいでした」「調子よく跳べました」「軽いです」）

　全体を撮影するのではなく、その部分を撮影するというポイントを子供たちに教えないと、子供は漠然と全体を撮ってしまいますので、やはり絞ることが大事ですね。<u>どこを撮るか、どこを見るかという視点も大切になってきます</u>。感想をどうぞ。
（「先ほどよりも上手になってうれしいです」「友達のフォームとの違いがはっきりと分かりました」）

　なるほど、素晴らしいです。二重跳びをレベルアップするためには、このようにカメラでの動画の撮影や、対話的な学習が効果的です。「全体」と「部分」ですね。

端末の活用利点。
☞ 動画も静止画も目的に合わせて撮影できる。
☞ 友達を撮影すると、以前はただ見ていただけだったのが、しっかりと見るようになる。
☞ 全体を撮影している状態から、部分（手首やひざなど）といったポイントを撮影する子も出てきた。
☞ セルフでも撮影ができる。
☞ 友達と一緒に視聴することで、話しながらポイントなどを共有できる。
☞ 撮りためることで、自分の変容を振り返ることができる。

5　ポイントを調べ、共有する

　撮影だけではなく、さらにICTを活用しました。これは知っていますか？　ジャムボードというアプリです。知っている人？（筆者注：ジャムボードは2024年12月時点でサービス終了）

　子供たちに、「二重跳びができるポイント」と「できないポイント」を、それぞれデジタル付箋に書かせました。すると、<u>自分たちで同じ意見を集めたり、自分では気づかなかった視点について気づいたりという学びが画面上</u>で可能になります。

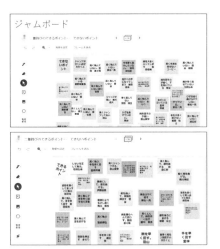

しかし、この付箋1枚を書くにしても、ホームページなどでの情報収集が必要となります。これは体育の時間では難しいので、例えば朝の自習の時間とか隙間時間、家庭学習などで集めていきます。これをしないと、友達にアドバイスするポイントや自分がこうしたいというポイントに気づけないままになるからです。

この学習を通過すると、このような子供たちの練習風景になります。何とか1回跳ぼうと高く跳んでいるよ、というアドバイスが生まれたところです。

そして、ポイントをまとめるだけでなく、今度はGoogleスライドにまとめました。Googleスライドに自分のできないポイントや、できるポイントをアウトプットする学習をしました。これで思考力・表現力も強化できます。

次にFlipgridです。Flipgridは実際に動画のやりとりができます。今日は、ここに参加している事務局に動画を送ってもらいました。そうすると、このような動画になりました（右の写真参照）。

このFlipgridは、Googleクラスルームと連携しています

Googleスライド。

☞ 二重跳びの動きを分析することで、「知識・理解」「思考力、判断力、表現力」「学びに向かう力、人間性等」の3つを育てる機会となる。

☞ コメント機能を使い、友達のスライドに感想など書き込むことができる。ワンウェイからツーウエイになる。

Flipgrid。

☞ 提出された動画に、教師がコメントをできる。個別評定も可能である。

☞ 文字はもちろん動画でもコメントが可能である。

☞ 子供同士でも、お互いの映像を見ることができる。

5 個別最適化と協働的学びを実現するなわとび運動

ので、子供たちは簡単に操作ができます。そして、子供の動画にコメントができます。つまり、子供たちに練習させるときに個別評定を体育館で行っていますが、体育の時間を待たずとも、先生が「こうした方がいいよ」とアドバイスできるわけです。

ですが、上達を主体的に学ばせたい、子供たちにできる喜びを与えたいときには、アドバイスを我慢して、評価だけコメントで返すこともできます。

さらに、子供同士でお互いの動画を見ることができます。先生が高く評価した動画を子供たち同士で見ながら、どこがよいのかを比較・検討できるわけですね。

6 桑原学級の二重跳びの結果

ところで、30秒で何回跳べるか、桑原学級でやってみました。平均は70.8回でした。

6月11日から7月7日の期間です。二重跳びができない子がいるのですが、その子たちの平均は54.2回。やはり前跳びのスピードが上がらないと、二重跳び達成は難しいということが、この結果から分かります。

二重跳びの回数が飛躍的に伸びた子は12名です。なかでも、最初は6回だったが40回に伸びるというように、大きく伸びた子が7名います。0回だった子が31回になったのは、1人でしたがいました。様々な取り組みが総合してできるようになったと言えます。

前跳びと二重跳びの関係性。
☞ 以下のような結果となった。「30秒で前跳び70回」は、やはり妥当な回数であることが分かった。
☞ このような追究型の体育授業も知的であり、高学年に向いている。

桑原和彦（2021）　平均70.8回
　　6/11～7/7
　　　　　できない子の平均54.2回
回数増　　　12名
飛躍的増　　7名（6回→40回）
0回→1回以上　1名（0回→31回）

二重跳びへ導く自学システム。
☞ 教育技術研究所から販売されている「とびなわキング」という教材に同封されている表が、「向山型なわとび級表」である。向山洋一氏が考案したものである。
☞ この級表に取り組むだけで、級が上がるステップによって二重跳びをマスターする子供たちが全国から報告されている。
☞ 自力で取り組み、習熟していくなわとび級表は大変優れた教材である。

7 ICTで変わる体育指導

　ICT活用で変わる体育の特徴として、データ活用によって時数の範囲を越えた教材・運動への取り組みが可能になる、という点が挙げられます。

　単元が終わると、その内容は来年までやらないということが多いものです。それが脱却可能になります。どういうことかというと、なわとびのシーズンが終わりました、鉄棒が終わりました、というような場面です。「あー、楽しかった」「もっとやりたい」という子や「やっと終わった」といった子が、クラスには混在しているわけです。そこで、「年間通していつでも、やったら先生に動画で見せていいよ」ということが可能になります。いつでも挑戦できるということが、このICT活用の強みです。

　年間で挑戦し続けられる。つまり、主体的に学習に取り組む態度が向上します。さらにいえば、生涯体育の素地を作るということになっていきます。

何回でも評価する姿勢。

☞ 単元が終わった後も、挑戦したいという子供たちの素直な願いを叶えてあげたい。そのために、教師はこのような考えで声をかけておく必要がある。

雨天時の体育。

☞ 校庭で体育の授業ができないときにICTを活用すると、情報を収集したり考えをまとめたりといった学習が展開できる。

8　なわとび運動の効果

なわとび運動は持久力がつきますが、運動面以外の効果があると思いますか？
（「あきらめないで続ける」「自信がつく」「記憶力」）

なわとびを跳ぶと、着地したときに骨にかかる衝撃がオステオカルシンというタンパク質の分泌を促し、記憶力を向上させると言われています。コロンビア大学のジェラルド・カーセンティ教授が2007年に発表しています。

跳ぶことで衝撃が骨に伝わると聞くと、ちょっと跳んでみたくなりませんか？　かかとの上げ下げだけでも効果があります。

さて、いろいろな上達の方法を知っても、壁にぶつかる子や持続しない子がいます。どのような手立てを講じますか？
（「体操」「ほめちぎる」）

なるほど。色々あると思いますよ。

東京子ども教育センター教室（編）『教室で読み聞かせ：子どもの作文珠玉集1　子どもを変えた"親の一言"作文25選』（明治図書）という本の中に、「努力の壺」という作文があります。聞いたことがある人？　お勧めですので、ぜひ読んでみてください。

「人が何か始めようとか、今までできなかったことをやろうと思った時、神様から努力の壺をもらいます。その壺は、いろいろな大きさがあって、人によって、時には大きいのやら小さいのやらいろいろあります。そしてその壺は、その人の目には見えないのです。でも、その人が壺の中に一生懸命『努力』を入れていくと、それが少しずつたまって、いつか『努力』があふれる時、壺の大きさが分かるというのです。だから休まずに壺の中に『努力』を入れていけば、いつか、必ずできる時が来るのです」という作文を、子供たちに読み聞かせをします。

最後に、なわとびといえば、次の2冊が基本文献になります。太田昌秀（著）『楽しいなわとび遊び』（ベースボール・マガジン社）、向山洋一・板倉弘幸・師尾

指導に役立つ著書の紹介。

☞ 教材研究の基本文献として重宝している。

喜代子（著）『この目で見た向山実践とバックボーン――向山学年団の証言』（騒人社）です。なわとびを通して体力の向上を図り、挑戦し、やり続ける力を持つ子供たちを育てていきたいなと思います。

授業を子役で体験した教師のコメント(1) ～ 太田政男氏

令和の日本型学校教育を実現する教育課程の編成。その中心はやはり、「個別最適な学び」と「協働的な学び」になると考えています。桑原先生の実践はその両方を満たしており、多くの先生方に知ってほしいと思いました。
ICTを効果的に活用されている点、今までの実践をさらに進化させている点、「個別最適な学び」と「協働的な学び」を実現されている点などは、素晴らしいと思いました。

授業を子役で体験した教師のコメント(2) ～ 加藤雅成氏

「向山型なわとび級表」はこれまでも実践していましたが、このようにICTと組み合わせた方法は初めて目にしました。私自身も、撮影したり映像を見たりして、積極的に運動にのめりこみました。子供たちが熱中して取り組む姿が目に浮かびます。
また、「努力の壺」の語りは、必ず実践したいと思いました。

Q1：ICTを活用すると、運動量が落ちることが気になります。どのようにしたらよいでしょうか？

A：1人1台端末の操作については、導入時と比べて教師も子供たちも慣れてきています。

　ワークシートに記入するより、端末に打ち込む方が短時間でできるケースもあります。友達とチームへの気づきやアドバイス、今日の振り返りなども同様です。その内容をシートに入力するより、動画で撮影することで解決する場合もあります。
　教師が必要だと思う場面に、臆せずに使ってみることです。気をつけたいことは、ICTの活用が目的にならないようにすることです。

5 個別最適化と協働的学びを実現するなわとび運動

> Q2：二重跳びができるようになる他の指導法を教えてください。

> A：これが二重跳びだというイメージ体験をさせます。

3つの指導法を紹介します。

① 予備の短縄のロープを中央部で切断し、2本に分けます。右手だけで、「ヒュンヒュン」と二重跳びのイメージで速く手首を回す練習をします。左手だけ、両手とステップを踏みます。さらに空中に跳躍しながら回すと、かなり二重跳びのイメージに近づきます。

② ジャンピングボードやロイター版を利用します。跳躍を助けてくれるのでより高く跳べるようになり、縄を2回回しきることができます。空中で2回縄を回すというイメージが身につきます。

③ 縄を持たずに、ももの外側を手で叩きます。跳躍しながら「パンパン」と2回素早く叩くことが二重跳びの手首の回旋に似ており、イメージが身につきます。

> Q3：「向山型なわとび級表」がとてもよいと先輩の先生に聞いたことがあります。どんな内容か教えてください。

> A：システムです。「なわとび級表」「チャレンジシール」「名簿」の3点セットが必須です。

なわとび級表は、教育技術研究所から販売されている「とびなわキング」という教材に同封されています。そのシステムを紹介します。

【実施方法】

① 「なわとびセット」を用意する。子供たちに、「とびなわ」「なわとび級表」「なわとび挑戦シール」「筆記用具」を持たせる。バインダーやカゴなどでセットを作るとスムーズ。

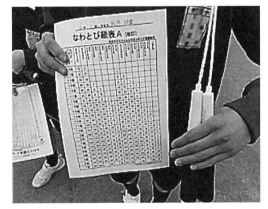

なわとび級表

② 全体で縄跳び指導をする。「前跳び10回（ピッ）」「後ろ跳び10回（ピッ）」と短く子供たちに指示をする。10回跳び終えた子から次々と座っていく。なかなか跳べない子も、周囲を見て座っていく。全員跳び終わるまで待ったり、応援したりという穏やかな時間は流れない。8割主義である。待たずに次の跳び方の指示をする。

③ 「なわとび級表」を使用する。ペアをつくる。ペアの子に「前あや跳びやるよ！」と宣言し、挑戦開始。たくさん跳べればペアと交代。あきらかに少ない（10回未満）ときには、「再挑戦」をさせる。厳密に1回ずつ交代としてしまうと、不満がたまっていくことになりかねない。跳べた回数まで色を塗る。

④ 表を横に見て、級がそろったら「なわとびチャレンジシール」をロープに巻きつける。ひと目で自分

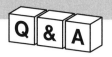

が何級かが分かり、上達への励みとなる。

【補足】

- 級表に取り組む時間は、体育の授業の10分～20分程度が望ましい。やりすぎると足を痛めたりするので、注意。
- それでも二重跳びが1回もできない子のためには、次のような指示をする。「1回二重跳びしたら、着地のとき、そのまましゃがみ込んでしまいなさい」これで1回できる。あとは、「二重跳び1回→前跳び→二重跳び1回→前跳び……」の練習をさせた上で、連続2回にチャレンジさせる。他には、縄を持たずに跳躍し、跳び上がっている瞬間に太ももを両手で「パンパン」と叩いて縄を回す感覚を体感させる。
- 「向山式二重跳びリレー」に取り組み、緊張場面・成果披露場面を設けることも効果的だ。

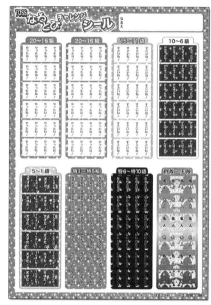

なわとびチャレンジシール

Q4：デジタル版のなわとび級表はありませんか？

A：スプレットシートで作成した先生がいます。

シール	認定級	まえりょう足	まえかけ足	まえりょう足あや	まえかけ足あや	まえりょう足こうさ	まえかけ足こうさ	うしろりょう足	うしろかけ足	うしろりょう足あや	うしろかけ足あや	うしろりょう足こうさ	うしろかけ足こうさ	二重とび
	20級	10 ☐	10 ☐					2 ☐	2 ☐					
	19級	20 ☐	20 ☐	1 ☐				5 ☐	5 ☐	1 ☐				
	18級	30 ☐	30 ☐	2 ☐	1 ☐			10 ☐	10 ☐	2 ☐	1 ☐			
	17級	40 ☑	40 ☑	5 ☑	2 ☑			20 ☑	20 ☑	5 ☑	2 ☑			
	16級	50 ☐	50 ☐	10 ☐	5 ☐	1 ☐		30 ☐	30 ☐	10 ☐	5 ☐			
	15級	60 ☐	60 ☐	20 ☐	10 ☐	2 ☑	1 ☑	40 ☐	40 ☐	20 ☐	10 ☐			
	14級	70 ☐	70 ☐	30 ☐	20 ☐	3 ☑	2 ☐	50 ☐	50 ☐	30 ☐	20 ☐	1 ☐		
	13級	80 ☑	80 ☑	40 ☑	30 ☐	4 ☐	3 ☐	60 ☐	60 ☐	40 ☐	30 ☐	2 ☐	1 ☐	
	12級	90 ☐	90 ☐	50 ☐	40 ☐	6 ☐	4 ☐	70 ☐	70 ☐	50 ☐	40 ☐	3 ☐	2 ☐	
	11級	100 ☐	100 ☐	60 ☐	50 ☐	8 ☐	6 ☐	80 ☐	80 ☐	60 ☐	50 ☐	5 ☐	3 ☐	
	10級	110 ☐	110 ☐	70 ☐	60 ☐	10 ☐	8 ☐	90 ☐	90 ☐	70 ☐	60 ☐	10 ☐	5 ☐	1 ☐
	9級	120 ☐	120 ☐	80 ☐	70 ☐	15 ☐	10 ☐	100 ☐	100 ☐	80 ☐	70 ☐	15 ☐	10 ☐	2 ☐
	8級	130 ☐	130 ☐	90 ☐	80 ☐	20 ☐	15 ☐	110 ☐	110 ☐	90 ☐	80 ☐	20 ☐	15 ☐	3 ☐
	7級	140 ☐	140 ☐	100 ☐	90 ☐	25 ☐	20 ☐	120 ☐	120 ☐	100 ☐	90 ☐	25 ☐	20 ☐	4 ☐
	6級	150 ☐	150 ☐	110 ☐	100 ☐	30 ☐	25 ☐	130 ☐	130 ☐	110 ☐	100 ☐	30 ☐	25 ☐	5 ☐
	5級	160 ☐	160 ☐	120 ☐	110 ☐	35 ☐	30 ☐	140 ☐	140 ☐	120 ☐	110 ☐	35 ☐	30 ☐	6 ☐
	4級	170 ☐	170 ☐	130 ☐	120 ☐	40 ☐	35 ☐	150 ☐	150 ☐	130 ☐	120 ☐	40 ☐	35 ☐	8 ☐
	3級	180 ☐	180 ☐	140 ☐	130 ☐	45 ☐	40 ☐	160 ☐	160 ☐	140 ☐	130 ☐	45 ☐	40 ☐	10 ☐
	2級	190 ☐	190 ☐	150 ☐	140 ☐	50 ☐	45 ☐	170 ☐	170 ☐	150 ☐	140 ☐	50 ☐	45 ☐	12 ☐
	1級	200 ☐	200 ☐		150 ☐		50 ☐	180 ☐	180 ☐		150 ☐		50 ☐	15 ☐
現在のクリア数		80	80	40	20	3	1	30	30	5	2	0	0	

5 個別最適化と協働的学びを実現するなわとび運動

使い方です。

①「前両足跳びを12回跳べた」場合、級表の「前両足跳び10回」まで色を塗ることができる。
　それを、10の右側の□をクリック（タップ）する。
②級を横に見て、「19級」になる項目がクリアしていたら、「19級をタップする」とよい。
③間違えた場合、もう一度クリックすればよい。

　紙の級表と比べた利点（◎）と欠点（×）を挙げます。
◎「なわとび級表」や「鉛筆」が、風で飛んだり紛失したりする心配がない。
◎間違えて塗ってしまっても、きれいに消すことができる。
◎個人の「なわとび級表」を、Googleクラスルームなどで提出させることで回収できる。
◎クラス全員の達成状況を把握できる。
◎友達の級表を紹介することができる。
×容易に見ることができない（端末を開く必要がある）。
　ICTが得意な方は、ぜひ参考にして作成してみてください。

6 運動量を確保する ベースボール型運動

運動系	：ボール運動
基　礎	：ボールを打つ攻撃と隊形をとった守備
目　標	：集団対集団の攻防を楽しむ
コ　ツ	：ボール操作。ボールを持たないときの動き

新学習指導要領への対応ポイント

① **知識及び技能**：ベースボール型ゲームの行い方を理解するとともに、ボールを打つ攻撃と隊形をとった守備によって、簡易化されたゲームをすることができるようにする。

② **思考力、判断力、表現力等**：ルールを工夫したり、自己やチームの特徴に応じた作戦を選んだりするとともに、自己や仲間の考えたことを他者に伝えることができるようにする。

③ **学びに向かう力、人間性等**：ベースボール型のゲームに積極的に取り組み、ルールを守って助け合いながら運動をしたり、勝敗を受け入れたり、仲間の考えや取り組みを認めたり、場や用具の安全に気を配ったりすることができるようにする。

授業の流れ

「指導言」全文　　　　　　　　　　　授業者による解説

1 真下に投げる

　ボールを取りにきてください。真下投げです。自分の真下に投げて、できるだけ強く叩きつけます。
　右でやったら、左でどうぞ。右をやったら左。両方。右でやったら左。できるだけ自分の頭より高くボールが弾むようにしましょう。

他者と比べずに個人でできる練習。

☞ ボール投げをすると、届いた距離が分かるので、友達と比較しやすい。

☞ 苦手な子は他者と比べたくはないので、個人練習が良い。真下投げは、他者と比べることなく自分のフォームに集中できる。

2　ボールの持ち方

持ち方、どうやっていますか？　隣近所と確認して。
（近くの人同士で確認する。）
　ピースです。ピースを作って、残りの3本がステージです。ボールをステージにのせて、2本の指をボールの縫い目に直角にのせます。2本指で、持てない人は3本指でもいいよ。
　その持ち方で、また真下投げをしてみましょう。

3　ゼロポジション

　振り上げたとき、どの辺をボールは通過しているかな？つむじのところを手で組んでごらん。そうしたら、ボールを持っていない方の手を下ろします。
　このつむじ辺を通過すると、自分の肘や肩に負担をかけない。怪我しないで投げられる、一番いいポジションです。ゼロポジションといいます。言ってみましょう。
（「ゼロポジション」）
　この付近を通過させて投げます。どうぞ。振りかぶってすぐ、ポーン。どうですか？
（「楽に投げられます」）

| 教えることは教える。

☞ どのようなボールの握り方がよいかを相談させたり、調べたり、試したりといった学習内容も考えられる。

☞ しかし、単元目標として枝葉の部分であるならば、きっぱりと教える。その方が、主として取り組みたい内容への時間を確保できる。

☞ ボールの握り方を指導しないと、パーの手（わしづかみ）で、握る子がいる。これでは、投げるときにスナップが効きにくくなる。

| 怪我をしないゼロポジション。

☞ それぞれに合った、無理なく肩を上げるポジションがある。

☞ 本書第2章の 5 「飛距離が伸びる投の運動」に詳しく書いてあるので、参照してほしい。

4　ガオーのポーズ

　今度は、向こうの壁に向かって投げます。適当にここら辺りに1列になって。ガオーのポーズです。ライオンのガオーです。
（両手を上げる）
　やってみて。うーん、怖くないな。ガオー。ガオー。そうそう、力強く。しっかり肘を曲げます。怖いライオンになります。一斉に投げては危ないですから、前の人から順に壁に投げます。できるだけ壁の上にめがけて投げます。投げたら後ろの人と替わります。肘を上げるよ。「ガオー」と声を出していて、とてもいいね。

| 壁に投げる。

☞ 壁に当てるという目標がはっきりとすることで、子供たちは安心して取り組む。
☞ 隊形イメージは、以下の写真のようになる。

| 肩を上げる。

☞ ボール投げが未熟な子は、肘が下がったままの手投げになっていることが多い。
☞ 肩を上げさせるために、ライオンのガオーというポーズをイメージさせる。
☞ 怒ったライオンが爪で思いっきりひっかくイメージである。
☞ 肘を胸より後ろにもっていく。
☞ 肘は肩くらいの高さまであげる。

5　ボルトのポーズ

　ガオーの次は、ウサイン・ボルト（元陸上競技短距離選手）のポーズ。ボルトのポーズをやってみて。
（片手をまっすぐに前に伸ばす。）
　こちらの手が相手。目標です。そして、後ろに体重がかかります。そこから、ゼロポジションを通して投げます。
　はい、やってみましょう。

| 前の手で目標を指し示す。

☞ ボルトのポーズが、斜め45度の角度で前の手が目標を指し示すことと同じになる。
☞ 体の向きを前でなく、横にする。

6 運動量を確保するベースボール型運動

今度はコントロールがつきますよ。

☞ 投げる前は、後ろに体重をかけるようにする。

6 手でボールを打つ

　今度はボールを打ちます。ボールは、どんなふうに打ちますか？　手はパー？　グー？　どちらでもいいです。両方やってみましょう。壁に当たるように打ちます。下から打つよ。「パーで打つ」のと「グーで打つ」の両方です。

7 ワンバウンドさせて打つ

　手を放してすぐに打つのではなく、必ず床にバウンドさせてから打ってください。ワンバウンド以上。そうそうそう。グーとパーでやってね。上からは打たないよ。バレーボールのスパイクではないからね。下からだよ。ちょっと手が斜めになってもいいからね。そうです。ワンバウンドさせます。壁まで届いたら、どんどん離れていって打ってもらいますからね。

| 打ち方。

☞ パーとグーの両方を試す。
☞ 右手と左手の両方で打つ。ボール投げをすると、届いた距離が分かるので、友達と比較しやすい。
☞ 苦手な子は、他者と比べたくはないので、個人練習がよい。比べることなく、自分のフォームに集中できる。
☞ ワンバウンドさせることで打つまでの時間ができるため、焦らずに打つことができる。

- 苦手な子には、片手でボールを離し、すぐさま反対の手で打つという行為が難しい。ほぼ同時の動作であるためである。
- よって「ボールを離す」「ボールを打つ」を切り離すために、ワンバウンドさせるのである。

8 ベースボール5の説明 (1)

10人でやります。他の子は応援です。

今日は、ハンドベースボール（ベースボール5）です。ボール1個でやります。5人対5人で対戦します。

ベースがあります。そのベースの中は守備の人は入りません。ベースは4枚あります。守りはこのベースの外側で行います。外側なので、壁もインプレー。打球が壁に当たっても続けます。

<u>1塁ベースは、守備の人と打って走ってきた人とがぶつかってしまう可能性があります。2枚用意できれば、守備の人は左ベース、走ってきた攻撃の人は右ベースをそれぞれ踏みます。</u>

1塁に行ったら1点。言ってみましょう。1点、2点、3点、4点になります。4つのベースを回ると4点、最高4点です。

本来のルールはスリーアウトで交代ですが、今日は<u>5人全員打ったら交代しましょう。こちら側は5人で守備です。守ってください。5人全員が外野になります。</u>

ゲーム時のポイント。

- 例えば、ゲーム前に「作戦を成功させるためには、どんなところがポイントかな？」と発問をしておく。
- 以下のような解答を期待したい。

①打つ方向を考える。

②守りがいない場所を見つける。

③外野まで打てる人のフォームを観察する。

④友達に打つ方向をアドバイスする。

⑤守る場所が空かないように、お互いに声をかける。

⑥ゲーム中は、声を掛け合う。

⑦チームで教え合ったり、話し合ったりすることが大切である。

6 運動量を確保するベースボール型運動

9 実際のゲーム

こっちへどうぞ。はい、さっきと同じだよ。グーでやってもいい、パーでやってもいい。守備の人達は散らばります。ぶつからないようにね。ボールを捕ったら投げるよ。さっきの投げ方を覚えている？「いくよ〜」と言うように。どうぞ。

では、ゲームを始めます。打つ人は、必ず床に1回バウンドさせてから打ちます。
（ワンバウンドさせて打つ。）

ノーバウンドで壁まで跳ばしても、ホームランにはなりません。
（走っていって、ベース上で止まる。）

セーフ。1点です。そのまま塁にいます。ボールを戻して。はい、どんどん行きます。いいよ、どこに打っても。
（ボールを打つ。）

走る、走る、走る。どうする。どうする。
（ベース上で止まる。）

あっ、止まっちゃった。タッチして、セーフ。

これで2点入っていますよ。どんどんいきます。タッチすればアウトです。ボールを取った後には、中に入っていいんだよ。次の人どうぞ。
（ボールを打つ。）

走れ！　ファインプレー。
（走ってきたランナーにタッチする。）

アウトね。次、どうぞ。
（ボールを打つ。）

ゲーム時の指導。

☞ ベースボール型ゲームの場合、ゲームのルールの理解に時間がかかるケースが多い。

☞ そこで、教師が審判役をしながら、1つのプレーごとに、打ち方や走り方、守り方などのルールを端的に確認していくとよい。

☞ ルールだけではなく、よい動きを取り上げてほめ続ける。価値づけることで、子供は自信を持つ。周りの人も学習になる。

☞ ゲームに慣れてきたら、ボールを打った瞬間にプレーを止めてみる。特に守備の人たちに、「ボールが打たれた瞬間、どのように動こうとしましたか？」と聞く。考えて動いている人、自分のところに飛んでこないから考えなかったという人、飛んでこないけれども、カバーに行こうと思っていた人など、思考・判断を観察する機会となる。

☞ このような経験が、プレーの質を高めていく。

うまい。走って、走って。そこでタッチすればアウト。
(ランナーにタッチする。)
　アウトね。次の人！
　はい、どうぞ。はい。いい声だね。
(ボールを前に転がすように弱く打つ。)
　あっ、それダメね。2メートル以上飛ばさないといけないというルールがあります。今のは残念。思いっきり打つ。どうぞ。
(ボールを打って走る。)
　オー。タッチしなくちゃ、タッチ。
(ランナーにタッチする。)
　はい。戻っていいよ。次の人、どうぞ。
(ボールを打つ。)
　捕っていいんだよ。
(ボールを捕ってランナーにタッチする。)
　タッチアウトだ。

10　ベースボール5の説明（2）

　はい、集まります。ベースボール5、いかがでしたか？サッカーでも人数が少ないフットサルがあるね。バレーボールにもビーチバレーがあるね。バスケットボールにもスリーオンスリーがあります。野球だけない。それで、野球の関係者たちが、ベースボール5という5対5のベースボールを考えました。これが外国では、オリンピックの種目に

> 少ない人数でも楽しめるボールゲーム。

☞ 休み時間にはドッヂボールを楽しむ子供たちが多い。だが、このように少人数でもゲームができること、内容が豊富にあることを知れば、休み

6 運動量を確保するベースボール型運動

なろうとしている動きが始まっています。野球って難しいイメージがあるけれども、ベースボール5はボール1個、この四角さえあればできるゲームです。

ぜひ、これからもやっていきましょう。

時間にもやってみる子供たちが増えてくる。
☞ 遊びの固定化から多様化に変容させるべく、各地で広めてほしい。

> ▶教材研究×基礎知識：ベースボール5とは
>
> 「ベースボール5」は、2017年に世界野球ソフトボール連盟（WBSC）より野球・ソフトボール振興の一環として発表された、新アーバンスポーツです。基本的なルールは、野球・ソフトボールと同じです。若い人を対象としたスピーディでダイナミックなスポーツで、ゴムボール1つさえあればどこでも楽しむことができます。この手軽さから、世界70カ国以上でプレーされています。
>
> 試合は1チーム5人制（公式国際大会では男女混合）で行われます。元々は手打ち野球が原点ですが、アフリカなど野球の設備や道具が不足している地域でも、野球・ソフトボールを理解してもらうための普及活動としてプレーされてきました。
>
> 近年、新たなアーバンスポーツとしての価値が加わって急速に世界へ普及し、現在も広がり続けています。また、2026年ダカールユースオリンピックの公式種目にも追加されました。初の男女混合競技となります。
>
> ——参考：https://www.baseball5.jp/about/

授業を子役で体験した教師のコメント
～ 小松和重氏

ベースボール型ゲームは、運動量の確保が難しいゲームです。ですが、このベースボール5を体験してみると、役割が随所にあって運動量も多くありました。そして、試合の進行もスピーディでした。男女差もあまり感じません。さらに、桑原先生がボールの投げ方や打ち方などの基本的な動きを分かりやすく教えてくれたので、安心してゲームに参加することができました。

Q1：どのようなボールを使うとよいですか？

A：柔らかくて弾むボールが良いです。

　手で打つときに痛みを感じるような、硬いボールは避けるべきです。数種類を用意しておいて、子供たちに自分自身で選ばせ、使用させるとよいと思います。試合であっても同様です。

Q2：捕球のミスが多くて、試合が締まりません。練習のコツを教えてください。

A：蓋をすることです。

　グローブをはめる手を前に出します（グローブは実際には着けません）。着けない手は背中につけて、隠しておきます。
　2人組でキャッチボールします。投げられたボールを、グローブ側の手の平に当てて床に落とします。手の平に当てることで、ボールの中心を覚えていきます。
　次は、後ろに隠していた手も前に出します。グローブの手でボールを当てた瞬間に、反対の手でボールが落ちないように蓋をします。これが捕球の基本運動となります。
　下投げでふわっと投げるボールから始めて、転がしてゴロにしたり、フライにしたり、バウンドさせたり、前後左右に散らしたりと、バリエーションを増やしていきます。

Q3：同じベースボール型ゲームのティーボールについての質問です。ティーボールで、上手にバットを振ることができない子がいます。練習のコツを教えてください。

A：効果のある素振りの練習です。

　スポンジ状の棒（例：プールステック）を使用します。ただの素振りでは、力の入れ加減が難しいです。そこで、実際にモノを打つ素振りに変化させます。そのモノを実際に打つように素振りをします。これには、モノを持つ担当が必要です。写真のようになります
　しっかりとバットがモノに当たると、バコーンと音が出ます。

6 運動量を確保するベースボール型運動

Q4：ティーボールのゲームをするとき、ティーの器具が少なくて困っています。何か代用できるものはありませんか？

A：カラーコーンにペットボトル、牛乳パックで手作りしたティーです。

写真のように作成します。

ペットボトルも牛乳パックも、使用していて潰れたら、作成していたストックと交換すればOKです。

Q5：ティーボールのゲーム時に、打った子がバットを投げてしまいます。アドバイスをお願いします。

A：進塁方向にコーンを逆さにして置き、その中にバットを入れます。

打った後に進む塁の進行方向に、カラーコーンを置きます。そのカラーコーンにバットを入れると、走ることができるようにします。自然な体の流れの中で、バットを安全に収めることができます。もちろん、入れなければ0点です。

動画で「指導言」のコツを身につける
全動画46本／QRコード一覧

🖥 パソコンで「全動画一覧」から「各動画」を視聴する

右のQRコードと下記URLから、各節に掲載されたQRコードの全動画にアクセスすることができる。

https://www.gakugeimirai.jp/9784867570715video-all

📱 スマートフォン・タブレットで直接「各動画」を視聴する

第1章	驚きの活用法！ 教材・教具が活きる新たな指導 本編動画8本＋**1**のショート動画9本

1
ビブスを活かした体つくり運動
（TOSSスロートレーニング）

P.14-25

2
新聞紙で楽しみながら
感覚を統合していく
体ほぐし運動

P.26-37

3
テニピンで広がる個を活かす
ネット型ボール運動

P.38-47

4
肋木の魅力と価値を引き出す
多様な運動

P.48-55

5
平均台で生まれる
バランス感覚の多様な運動

P.56-61

6
登り綱で体感する
スリリングな運動

P.62-67

7
園庭での築山を活用した
環境活用型の運動遊び

P.68-79

8
外遊具での創造的な
園庭運動遊び

P.80-87

ショート動画──❶ビブス Q&A の5：1つひとつのパーツ紹介

(A)
ビブスを使っての
ストレッチ

P.25

(B)
ビブスを多様に回す

P.25

(C)
ビブスを使った
「投げる運動」
「体つくり運動」

P.25

(D)
ビブスを多様なところで
キャッチする

P.25

(E)
ビブスを使って
走る運動

P.25

(F)
ビブスを使って
投げる運動

P.25

(G)
ペアでビブスキャッチ
〜ビジョントレーニング
＆正中線を越える〜

P.25

(H)
ペアでビブスを使った
体つくり運動
〜走って捕る
（前庭覚・固有覚）〜

P.25

(I)
ビブスを使っての
表現運動
〜動きの同調性〜

P.25

第2章　挑戦力を引き出す！教師の導き方で進化する子供の力

本編動画7本+❶の実践動画1本

❶
瞬間の判断力を養う
長縄連続跳び

P.90-101

実践動画
桑原学級の
長縄連続跳び
[1年生／2年生／6年生]

P.101

2
ボディ・イメージを育成する
マット運動

P.102-113

3
腕支持力を強化する
跳び箱運動遊び

P.114-121

4
持久力を鍛える走の運動

P.122-131

5
飛距離が伸びる投の運動

P.132-139

6
表現力を伸ばす阿波踊り

P.140-149

7
リズム感を育む
ニャティティソーラン

P.150-161

第3章　競い合う楽しさ！子供を熱中させるルールづくり
本編動画6本＋4のコラムの指導動画15本

1
バトンパスが上達する
リレーの工夫

P.164-177

2
どの子もシュートができるようになる
バスケットボールの指導

P.178-185

3
ボール操作力を高める
バスケットボールの訓練法

P.186-195

4
能力差を超えるタグラグビーの
チーム・ビルディング

P.196-205

動画で「指導言」のコツを身につける　全動画46本／QRコード一覧

指導動画──4のコラム：初めての先生にもやさしい！6時間でできる「タグラグビー」指導

(A) 1人でのタグ取り
[指導者：桑原和彦]
P.211

(B) 手つなぎタグ取り
[指導者：桑原和彦]
P.211

(C) じゃんけんタグ取り
[指導者：桑原和彦]
P.211

(D) 円陣パス
[指導者：桑原和彦]
P.211

(E) ボール集め（ラン）
[指導者：根津盛吾]
P.211

(F) 1対1の宝運び
[指導者：桑原和彦]
P.211

(G) タグ取り鬼（チーム）
[指導者：桑原和彦]
P.211

(H) 3人組でのパス（フラット）
[指導者：桑原和彦]
P.211

(I) 3人組でのパス（クロス）
[指導者：桑原和彦]
P.211

(J) 2対1でのトライ練習（パスなし）
[指導者：桑原和彦]
P.211

(K) 2対1でのトライ練習（パスあり）
[指導者：桑原和彦]
P.211

(L) 通り抜け鬼ごっこ
[指導者：根津盛吾]
P.211

(M) 簡易ゲーム（パスなし）
[指導者：郡司崇人]
P.211

(N) 正規に近いゲーム①
[指導者：郡司崇人]
P.211

(O) 正規に近いゲーム②
[指導者：郡司崇人]
P.211

5 個別最適化と協働的学びを実現するなわとび運動

P.212-223

6 運動量を確保するベースボール型運動

P.224-233

あとがき

　筆者の体育実践の出発点は長縄連続跳びである。実践をしていた1997年、当時の教育技術法則化運動に出会う。その代表であった向山洋一氏の「教師の教育技術を隠し財産にせず、世に広めるべきだ」という主張に深く感銘を受け、長縄連続跳びの実践をまとめた。その実践を根本正雄氏からご評価いただき、全国の仲間に広まっていった。

　その後、向山氏は体育論文審査において、「桑原氏の実践は、すべての子に、そして、すべてのクラスにドラマを起こす」とまとめられた鈴木章弘氏の論文に、以下のようにコメントされた。

> 極めてすぐれた実践報告であり、研究論文だ。そして、鈴木氏の「自閉症の子を含めて40名の6年生が3分間で339回跳んだ」という記録のすごさは、どれほどほめても、ほめすぎではない。子どもの事実がすべてを物語る。先行実践の桑原氏、修正追試の鈴木氏、TOSS体育研究の金字塔である。審査初めての「特A」。桑原氏、鈴木氏2人で本を執筆してほしい。
> (『教え方のプロ・向山洋一全集98　これからの体育―とっても大事なテーマ20題』明治図書、2012年)

　長縄連続跳びを皮切りに始めた体育教材作りは単純に楽しかった。肋木、登り綱、平均台、ビブス、園庭……すべて子供の事実が実践を支えている。

　本書には、筆者が担任している子供たちに行った授業はもちろん、全国各地で行った授業を収録している。その他、茨城、東京、秋田、愛知、山口、鹿児島、沖縄での体育教室の子供たち、白鷗大学での体育実技講義の大学生、翔和学園の飛び込み授業での小学生から高校生まで、本書では紹介していない授業での様々な出会いがあり、そのどれもが思い出深い。これらの実践について体育セミナーや研究会で発表・模擬授業を行うと先生方にも好評で、「子供たちが熱中しました！」といった追試報告をいただくこともあった。

*

　こうして年を追うごとに、私の実践をまとめる必要性が増していった。学芸みらい社の小島直人氏から単著執筆の話が持ち込まれて、書き上げるまでに数年の月日を要した。28年間の体育実践を洗い出し、整理するだけでも大変であった。その間、本書をまとめるに

あたり企画・構成・執筆について何度も何度も繰り返しご相談させていただき、大変にお世話になった。深く感謝申し上げたい。

併せて柳町直氏（茨城県公立小学校教諭）には、動画編成チームのチーフとして大変にご尽力いただいた。

TOSS最高顧問であり私の師匠である向山洋一氏、TOSS向山型体育研究会顧問の根本正雄氏と伴一孝氏、TOSS代表の谷和樹氏には、私の体育指導について長年にわたりご指導いただいた。

その他、TOSS向山型体育研究会員及び事務局員やTOSS茨城、TOSS中央事務局、向山一門の同志と、本書出版のために力を尽くしてくださった多くの方々に感謝の意をささげたい。

これからも「桑原先生、今日の体育楽しかった！」と言う子供の笑顔を見るために、教師道を突き進む。

2024年12月31日
師匠・向山洋一氏の色紙の傍らで、来たるべき体育指導に思いを馳せながら……

桑原和彦

動画収録セミナー・講座一覧
第1章　驚きの活用法！ 教材・教具が活きる新たな指導
　①ビブスを活かした体つくり運動（TOSSスロートレーニング）
　　　第2回向山型×TOSS体育MIXセミナーEXTRA／2017年10月9日
　　☆ショート動画〔ビブス〕
　　　TOSS茨城NEVERサークル／2015年1月12日
　②新聞紙で楽しみながら感覚を統合していく体ほぐし運動
　　　TOSS向山型体育上達セミナー／2023年2月18日
　③テニピンで広がる個を活かすネット型ボール運動
　　　第2回TOSS向山型体育セミナー／2022年11月26日
　④肋木の魅力と価値を引き出す多様な運動
　　　TOSS体育セミナー埼玉会場／2005年11月20日
　⑤平均台で生まれるバランス感覚の多様な運動
　　　第3回向山型×TOSS体育MIXセミナー／2015年6月7日
　⑥登り綱で体感するスリリングな運動
　　　第5回向山型体育×TOSS体育MIXセミナー／2016年6月12日
　⑦園庭での築山を活用した環境活用型の運動遊び
　　　長野県・認定こども園朝陽学園体育授業研修会／2023年10月24日
　⑧外遊具での創造的な園庭運動遊び
　　　長野県・認定こども園川田体育授業研修会／2024年5月23日

第2章　挑戦力を引き出す！ 教師の導き方で進化する子供の力
　①瞬間の判断力を養う長縄連続飛び
　　　向山型体育入門講座／2013年7月20日
　　☆実践動画〔長縄連続跳び〕
　　　茨城県公立小学校
　②ボディ・イメージを育成するマット運動
　　　TOSS茨城教え方セミナー／2015年4月26日
　③腕支持力を強化する跳び箱運動遊び
　　　第1回向山型体育×TOSS体育MIXセミナーEXTRA／2016年11月3日
　④持久力を鍛える走の運動
　　　第4回向山型体育×TOSS体育MIXセミナー／2016年1月31日
　⑤飛距離が伸びる投の運動
　　　TOSS茨城教え方セミナー／2016年4月24日
　⑥表現力を伸ばす阿波踊り
　　　第3回TOSS向山型体育セミナー／2023年7月8日
　⑦リズム感を育むニャティティソーラン
　　　第3回向山型体育×TOSS体育MIXセミナー／2015年6月7日

第3章　競い合う楽しさ！ 子供を熱中させるルールづくり
　①バトンパスが上達するリレーの工夫
　　　TOSS茨城教え方セミナー／2016年4月24日
　　　第9回向山型×TOSS体育MIXセミナー／2019年6月9日
　②どの子もシュートができるようになるバスケットボールの指導
　　　TOSS茨城教え方セミナー／2015年4月26日
　③ボール操作力を高めるバスケットボールの訓練法
　　　第3回向山型×TOSS体育MIXセミナーEXTRA／2018年10月8日
　④能力差を超えるタグラグビーのチーム・ビルディング
　　　TOSS茨城教え方セミナー／2015年4月26日
　　☆指導動画〔タグラグビー〕
　　　TOSS茨城教え方セミナー／2015年4月26日（指導者：桑原和彦・郡司崇人）
　　　第3回向山型体育×TOSS体育MIXセミナー／2015年6月7日（指導者：根津盛吾）
　⑤個別最適化と協働的学びを実現するなわとび運動
　　　第13回向山型体育×TOSS体育MIXセミナー／2021年7月11日
　⑥運動量を確保するベースボール型運動
　　　第8回向山型体育×TOSS体育MIXセミナー／2018年6月10日

〔著者紹介〕
桑原和彦（くわばら・かずひこ）
1970年、茨城県生まれ。国士舘大学文学部卒業後、茨城県の公立小学校教師となり現在に至る。
TOSS向山型体育研究会代表、NPO法人子どもみらい飛行代表、TOSSサークル茨城NEVER代表、日本チャレンジランキング連盟副会長を務める。子どもに成功体験を積ませるイベントや、子どもの教育に携わる人々への研修会などに関する事業を行い、子どもの『たくましく生きる力』や子どもの教育に携わる大人の『教育力』の向上に寄与することを目的として活動している。
主な編著書に、『「体育」授業の腕が上がる新法則』（授業の腕が上がる新法則シリーズ）、『「体育」授業の新法則』基礎基本編・低学年編・中学年編・高学年編（授業の新法則化シリーズ）〔以上、学芸みらい社〕、『集団遊びスキルBOOK』（教室で指導するスクール生活スキルBOOK ④）、『学級レクが3倍盛り上がる集団遊び50選』、『特別支援が必要な子を包み込む"仲間づくりゲーム"50選——発達障害児の集団適応力を伸ばすエクササイズ』〔以上、明治図書〕など。

体育授業が劇的に変わる「声かけ」の成功法則
「指導言」全文解説・全教材動画付き

2025年3月5日　初版発行

著　者	桑原和彦
発行者	小島直人
発行所	株式会社 学芸みらい社

〒162-0833 東京都新宿区箪笥町31番 箪笥町SKビル3F
電話番号：03-5227-1266
HP：https://www.gakugeimirai.jp/
E-mail：info@gakugeimirai.jp

印刷所・製本所	株式会社ディグ
ブックデザイン	吉久隆志・古川美佐（エディプレッション）
本文イラスト	げんゆうてん

落丁・乱丁本は弊社宛お送りください。送料弊社負担でお取り替えいたします。
©Kazuhiko KUWABARA 2025 Printed in Japan
ISBN978-4-86757-071-5 C3037

読むだけで授業の腕が上がるメールマガジン
「谷和樹の教育新宝島」

TOSS代表・谷和樹が、師である向山洋一の膨大な実践資料を
的確かつフレッシュに解説。毎週金曜日配信。

公式ウェブサイト：https://www.shintakarajima.jp/

学芸みらい社の好評既刊 体育

日本全国の書店やAmazon他のネット書店で注文・購入できます

「体育」授業の腕が上がる新法則
（授業の腕が上がる新法則シリーズ）

監修者：谷和樹　編者：村田正樹・桑原和彦
A5判並製／136頁　　定価：本体1,700円+税　　ISBN978-4-909783-37-0

「主体的・対話的で深い学びのある体育授業」「子どもの身体能力を高める体育授業の基礎基本」から「21世紀型体育授業」まで、単元全体を見開き2ページで構成――。全体像を俯瞰し、図鑑を眺める感覚で、短時間で質の高い教材研究が可能。見た瞬間に学習の流れが把握できる、「全ページ見える化」紙面で発信する教育書シリーズ、体育編。

体育主任のための若い教師サポートBOOK
――体育指導・ここがポイント100

編著者：根本正雄
A5判並製／120頁　　定価：本体2,100円+税　　ISBN978-4-909783-93-6

本格的な「教科担任制」時代、到来――。器械運動などを中途半端な知識で教えるのは非常に危険である。しかし現状は、新任教師が指導にあたることが多い。若い教師の疑問や悩みに対して即答する指導法から、器具・用具の使用法、評価・評定、学校行事までをまとめた臨場感あるQA集で、体育主任として知っておくべきポイント100を提案する。

イラストで早わかり！
超入門 体育授業の原則

著者：根本正雄　イラスト：関口眞純
A5判並製／144頁　　定価：本体2,200円+税　　ISBN978-4-909783-65-3

集合・整列から基礎感覚づくり、体つくり運動、器械運動、陸上運動、ボール運動、水泳、表現運動まで、全62教材の「うまくできない理由」と「できるようになるコツ」をイラストですべてイメージ化。手・足・腰・顎など、身体の各部位の動きとタイミングがピンポイントでわかり、どの子も運動感覚がグーンとUPする体育指導のバイブル。全ページ2C。

超簡単準備で成功！ 新体育授業のヒケツ
――やったぁ、出来た！ 楽しいネタ・スキル大集合

著者：本吉伸行
A5判並製／148頁　　定価：本体2,000円+税　　ISBN978-4-909783-08-0

子どもたちが喜び、力が付き、苦手な子も喜々として取り組む体育授業をおこなうには？ 体育の授業で必要なのは、子どもができるようになる技術、楽しい授業ネタ、そして簡単な準備方法――。最低限の準備で最大の効果を発揮し、主体的・対話的で深い学びを体育科で実現する工夫や指導法も掲載。巻末には年間指導計画と必要な準備物を収録。

発達障害児を救う体育指導
――激変！ 感覚統合スキル95

編者：根本 正雄／指導：小野隆行
B5判並製／176頁　　定価：本体2,300円+税　　ISBN978-4-908637-56-8

新学習指導要領における特別支援教育・体育指導のスキルをどう改善するか。姿勢・動作・運動のつまずきの背景にある「初期感覚」を育て、運動の「基礎感覚」を育てる「焦点化・視覚化・共有化」によって誰でもできるようになる全単元の指導ポイントを網羅――。特別支援教育と体育の融合で効果的なアプローチを考える「ユニバーサル体育授業」の提案。

学芸みらい社の好評既刊

日本全国の書店や、Amazon他のネット書店で注文・購入できます！

動画で早わかり！
「教科担任制」時代の新しい体育指導

大好評シリーズ！既刊

編著 **根本正雄**（千葉県小学校教諭・教頭・校長を歴任。楽しい体育授業研究会代表）

初任者の先生、体育指導が苦手な教師から、専門性を習得したい教師まで。実技指導のバイブル！

シリーズの2大特長
- ❶「学習カード」：子どもが主体的に学べる
  技ができるようになるポイント、技の質を高めるポイントを子供たちが自分でチェック！
- ❷「全48種目の動画」：学習カードと完全対応
  実際の運動の映像をQRコードから視聴可。文字だけでは理解が難しい運動をイメージ化！

器械運動 編　この1冊で器械運動のすべてが指導できる！

本書の内容

1 マット遊び・マット運動	(1) 低学年：ゆりかご／前転がり／ブリッジ ほか
	(2) 中学年：開脚後転／側方倒立回転 ほか
	(3) 高学年：開脚前転／伸膝後転／ロンダート ほか
2 鉄棒遊び・鉄棒運動	(1) 低学年：ツバメ／足抜き回り ほか
	(2) 中学年：膝掛け振り上がり／前方片膝掛け回転 ほか
	(3) 高学年：前方支持回転／膝掛け上がり ほか
3 跳び箱遊び・跳び箱運動	(1) 低学年：踏み越し跳び／またぎ乗り・下り ほか
	(2) 中学年：台上前転／頭はね飛び ほか
	(3) 高学年：抱え込み跳び／首はね跳び ほか

B5判ソフトカバー　216頁　定価：本体2,600円（＋税）　ISBN 978-4-909783-48-6　C3037

体つくり運動・陸上運動 編　全学年の「体つくり運動」「陸上運動」の授業ができる！

本書の内容

1 体つくり運動遊び／体つくり運動
- (1) 低学年：用具を使った運動遊び／跳ぶ、はねるなどの動きの運動遊び ほか
- (2) 中学年：歩いたり走ったりする運動／伝承遊びや集団による運動 ほか
- (3) 高学年：徒手での運動／時間やコースを決めて行う全身運動 ほか

2 走・跳の運動遊び／陸上運動
- (1) 低学年：かけっこ／折り返しリレー／低い障害物を使ったリレー ほか
- (2) 中学年：30〜50m程度のかけっこ／回旋リレー／短い助走からの幅跳び ほか
- (3) 高学年：いろいろな距離でのリレー／リズミカルな助走からの走り高跳び ほか

B5判ソフトカバー　216頁　定価：本体2,900円（＋税）　ISBN 978-4-909783-79-0　C3037

ゲーム・ボール運動 編　体育における協働的な学び＝「体育的コミュニケーション」の指導へ！

本書の内容

低学年 ゲーム・鬼遊び
- ア：ボールゲーム　　　的当てゲーム／シュートゲーム ほか
- イ：鬼遊び　　　　　　1人鬼／手つなぎ鬼／宝取り鬼 ほか

中学年 ゲーム
- ア：ゴール型ゲーム　　ハンドボール／ラインサッカー／ ほか
- イ：ネット型ゲーム　　テニスを基にした易しいゲーム ほか
- ウ：ベースボール型ゲーム　ボールを蹴って行う易しいゲーム ほか

高学年 ボール運動
- ア：ゴール型ゲーム　　バスケットボール／サッカー／タグラグビー ほか
- イ：ネット型ゲーム　　ソフトバレーボール／プレルボール ほか
- ウ：ベースボール型ゲーム　ソフトボールを基にした簡易化されたゲーム ほか

B5判ソフトカバー　212頁　定価：本体2,900円（＋税）　ISBN 978-4-909783-99-8 C3037

学芸みらい社の好評既刊　体育 アフォーダンス理論

日本全国の書店やAmazon他のネット書店で注文・購入できます

「動画で早わかり！ 新しい体育指導」シリーズ最新刊

動画で早わかり！アフォーダンスを取り入れた新しい体育指導

著者：根本正雄
B5判並製／256頁　定価：本体3,000円＋税
ISBN978-4-86757-037-1

身体知と環境の科学に基づく「アフォーダンス体育」の誕生！

できるようになるカギは、運動感覚が身につく場づくりにある──。習熟度に応じたステップごとに身体の動きを引きだす場づくりの工夫を体系化。子供たちが熱中する授業を実現する全く新しい体育指導の提案。QRコードから全25本の動画を視聴可。

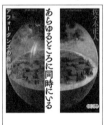

あらゆるところに同時にいる──アフォーダンスの幾何学

著者：佐々木正人
A5判並製／256頁　定価：本体2,500円+税　ISBN978-4-909783-12-7

「本書は『あらゆるところに同時にいる』という謎への、わたしなりの一歩である。意識、記憶、身体など、ヒトについて考える時に、はずせないテーマを扱っている」(「序」より)──。生態心理学の創始者、ジェームズ・ギブソンがたどり着いた究極の思考を、面・光・遮蔽・肌理がつくりあげる「自然の幾何学」として読みとく。誰も踏み込めなかったアフォーダンス理論の核心。

最新講義──アフォーダンス 地球の心理学

著者：佐々木正人
四六判並製／184頁　定価：本体2,200円＋税　ISBN978-4-86757-041-8

C・ダーウィンとJ・ギブソン──。ミクロな自然環境を観察し、あらゆる生命活動を支えるマクロな地球環境を発見した2人の科学者の主著をアフォーダンス研究の第一人者が読み直し、動植物の微細でダイナミックな知覚-行為の姿、そしてダーウィンとギブソンが創始した「地球というハウスの科学」の核心と展開を探る。7つのレクチャーによる、最新のアフォーダンス入門。

今日を生き延びるためにアニメーションが教えてくれること

著者：佐分利奇士乃
A5判並製／224頁　定価：本体2,300円+税　ISBN978-4-908637-97-1

アニメの画面から湧き上がってくるのは「今日を生きる力」だ。『この世界の片隅に』『かぐや姫の物語』『聲の形』『リズと青い鳥』『宝石の国』など、リアルで清新な感情が息づく数々の傑作アニメとアフォーダンス理論(生態心理学)のコラボが生み出す、まったく新しいアニメーション論。推薦序文は佐々木正人氏。巻末にアニメ映画『この世界の片隅に』監督・片渕須直氏とのロング対談を収録。